**아빠와 아이 모두 즐거운
버라이어티 육아법**

PD 아빠의 예능 육아

| 박세진 저 |

i THINK
아이생각

| 만든 사람들 |

기획 실용기획부 | **진행** 박소정 | **집필** 박세진 | **일러스트** 장우성
표지 디자인 원은영 · D.J.I books design studio | **편집 디자인** 이기숙 · 디자인 숲

| 책 내용 문의 |

도서 내용에 대해 궁금한 사항이 있으시면
저자의 홈페이지나 디지털북스 홈페이지의 게시판을 통해서 해결하실 수 있습니다.

아이생각 홈페이지 ithinkbook.co.kr
아이생각 페이스북 facebook.com/ithinkbook
디지털북스 인스타그램 instagram.com/dji_books_design_studio
디지털북스 유튜브 유튜브에서 [디지털북스] 검색
디지털북스 이메일 djibooks@naver.com
저자 이메일 pd_daddy@naver.com
저자 인스타그램 instagram.com/pddaddy

| 각종 문의 |

영업관련 dji_digitalbooks@naver.com
기획관련 djibooks@naver.com
전화번호 (02) 447-3157~8

TAKE 001

아빠와 아이 모두 즐거운
버라이어티 육아법

PD 아빠의 예능 육아

| 차례 |

Chapter

03 아빠랑 어디 갈까?

눈에 넣어도 아프지 않은 내 자식

예전부터 책을 내고 싶다는 생각이 있었다. 동기는 다분히 세속적이었다. '책 한 권쯤' 쓰면 어디 가서 잘난 척 좀 할 수 있다거나 또는 강연 제의가 여기저기 들어올 것 같다거나 그도 아니면 책이 베스트셀러가 되어 인세로 먹고살 수 있는 건가 하는 쓸데없는 상상 등등... 심지어 속으론 이런 생각도 했었던 거 같다.

"개나 소나 내는 책, 나라고 못 낼 건 뭐야!"

지금 이 글을 쓰면서도 절실히 느끼는 것이지만 '개' 되기가 그리고 '소' 되기가 이렇게 힘든 일인 줄은 꿈에도 몰랐다. 절대 '책 한 권쯤'은 이라고 치부할 일이 아니었다.

그리고 당연한 얘기지만 책을 내려면 우선 글을 써야 했다. 그것도 내가 가장 자신 있는 부분으로. 20년 넘게 예능 PD 생활을 해오고 있지만 내가 무슨 김태호 PD나 나영석 PD도 아니고 방송에 관해, 또 연출이란 직업에 관해 블라블라 떠든다는 것 자체가 어쩐지 부끄러웠다.

그렇다고 내가 남들보다 유난스레 여행을 더 다닌다거나 커피에 조예가 깊다거나 하는 내세울 만한 특별한 취미가 있는 것도 아니었다. 돌이켜 보면 살아오면서 남들 다 하는 그 흔한 당구나 포커 같은 잡기에도 전혀 능하지 못했었다. 스타크래프트 한 번 안 해본 게임 문맹이기도 했다. 소위 당당히 내세울 만한 나만의 전문분야가 없었던 것이다.

도대체 내가 잘하는 건 뭘까?

책 한 번 내보겠다는 객기가 나에 대한 철학적이고 근본적인 질문으로 이어졌다. 그러다가 문득 '내가 가장 시간을 많이 보내는 일은 어떤 것일까' 하는 생각에 다다랐다. 정답은 간단했다. 내가 직장에 있는 시간 외에 가장 많은 시간을 투자하는 건 바로 '육아'였다.

주말이면 아침에 일어나자마자 놀기 시작해서 몇 시간씩 딸아이와 인형놀이를 해왔다. 아이와 인형 놀이를 해본 사람들은 오랜 시간 앉아서 인형 놀이를 한다는 것이 얼마나 체력소모가 심한 일인지 그래서 얼마나 위대한 일인지를 알 것이다.

놀면서 중간 중간 오늘은 어떤 음식을 만들어 먹일까 고민했고 스토커에 가까울 정도로 아이의 일거수일투족을 카메라에 담았다. 주말에는 캠핑을 떠났고 휴가 때면 어디 가서 뭘 먹을지 스케줄을 짜서 여행을 떠나곤 했었다.

그렇다. 10년 만에 난 자타 공인 육아의 달인이 되어 있었다. 남들에게 당당히 말할 수 있는 나의 전문분야 '육아'. 육아에 관한 책을 내는 일을 조금 더 진지하게 고민해보니 거창한 명분까지는 아니더라도 사랑하는 내 딸과 함께했던 행복한 기록을 정리한다는 것만으로도 꽤 의미 있겠다는 생각도 들었다.

방송에 나오는 누군가처럼 육아에 있어 절대적인 해법을 제시할 생각도 없고 능력은 더더군다나 없다. 내 딴에는 딸을 위해 다양한 경험을 시켜주고자 노력했는데 그게 이렇게 남들 앞에 내보일 정도의 수준이 되는지 걱정이 되기도 한다. 다만 이번 주말에는 아이와 뭘 하고 놀까 걱정하며 스마트폰을 뒤지는 아빠들의 심정을 누구보다 더 잘 알기에 조금이나마 참고가 되고자 그리고 내 10년 동안의 노하우를 나누고자 하는 마음으로 이 글을 쓰게 되었다.

'눈에 넣어도 아프지 않은 내 자식'이란 말이 있다. 하지만 그 말이 100% 사실일 순 없을 것이다. 솔직히 눈에 넣었는데 아프지 않을 재간은 없다. 하지만 세상 어떤 부모라도 그 아픔을 기꺼이 참아낼 수 있을 것이다. 결혼을 하지 않은 또는 부모가 되어 보지 않은 후배들은 자식을 낳아 키운다는 건 어떤 것인지 물어보곤 한다. 그때마다 난 이렇게 대답한다.

"세상에서 나보다 더 소중한 존재가 있다는 건 겪어보지 않고선
알 수 없는 정말 어메이징한 경험이야. 누군가를 위해 기꺼이 목숨을
던질 수 있다는 생각 해봤어? 난 그런 생각을 매일 해. 눈알을 뽑아서라도
팔다리를 잘라서라도 심장을 도려내서라도... 1초도 망설이지 않고
내 목숨을 던져 기꺼이 지키고 싶은 그 사람.
그게 바로 자식이야."

이제부터 내 눈에 넣어도 아픈 걸 얼마든지 참을 수 있는 딸아이에 관한 이야기를 시작해보고자 한다.

이렇게 10년 키웠어요

PD 아빠의 예능 육아

CHAPTER 1	TITLE	이렇게 10년 키웠어요
CATEGORY		육아
CONTENTS		출산, 훈육, 적성 찾기, 취미, 입학, etc.

반성문

육아에 관한 이야기를 본격적으로 시작하기 전에 꼭 짚고 넘어가야 할 부분이 있다. 나름의 고해성사라고나 할까.

때는 바야흐로 2012년. 각자 2012년에 관한 여러 가지 기억들이 있겠지만 나에게 2012년은 두 가지 일로 기억된다. 우선 런던 올림픽이 있었다. 그리고 세상에서 가장 소중한 내 딸이 태어난 해이기도 하다.

2012년 8월 난 영국으로 출장을 가야 했었다. 당시 맡았던 프로그램의 촬영 차 열흘 가까이 올림픽이 열리는 런던에 머물러야 하는 스케줄이었다. 그런데 문제는 9월 중순 출산 예정이었던 똔똔이(태명)가 뭐가 그리 급한지 세상에 빨리 나오려고 하는 기미를 보인다는 거였다. 의사는 조산을 막기 위해 절대 안정을 권했고 아내는 절대 안정을 위해 집 근처 병원에 입원을 하게 되었다. 엎친 데 덮친 격으로 임신중독 증세까지 보이는 상태였다. 그런 아내를 두고 머나면 타국으로 장기 출장을 가게 된 것이었다.

"똔똔아, 아빠 올 때까지 기다려야 해!"

그렇게 열흘의 시간이 지나고 한국에 돌아와 보니 아내는 증상이 더욱 심각해져 대학병원으로 옮긴 상태였고 심지어 중환자실에 누워 있었다. 임신중독 때문인지 혈압은 정상수치를 한참 넘은 고혈압 위험 상태였고 얼굴은 띵띵 부어 다른 사람 같아 보일 정도였다. 그나마 엄마도 아이도 잘 견뎌주어 아빠가 올 때까지 별일 없었던 것이 천만다행이었다. 내 아이를 낳기 위해 꼼짝 못하고 보호자도 없는 중환자실에 누워 있는 아내를 보고 난 이렇게 말했던 것 같다.

"이제 괜찮아, 걱정 마!"

어쩐지 손도 꼭 잡았던 것 같기도 하다. 변명이 길었다. 한 가지 변명만 더 하자면 보호자는 중환자실에 머무를 수 없기에 집에 자러 가는 나를 향해 아내는 "오늘은 아무래도 아기가 나올 것 같지 않아"라는 말을 했다는 것이었다. 하지만, "이제 아빠가 왔으니 분만 지연제를 투약하지 않겠습니다"라는 의사 선생님의 말씀을 좀 더 귀담아들었어야 했다.

핑계일 뿐이지만 장장 열흘 동안이나 외국 생활을 한 나로서는 고국에 대한 또 사람에 대한 그리움이 사무쳤을 수밖에 없었을 거다. 친한 후배와 약속을 잡고 술을 마시게 되었다. 오랜만에 만나 반가워서 그랬는지 딸아이가 곧 태어난다는 설렘 때문이었는지 아니면 원래 난 술만 먹으면 그런 놈인 건지...

한창 술을 마시고 있는데 아내에게서 문자가 왔다. 아무래도 낌새가 이상하다는 것이었다. 내가 아무리 긍정적인 사람이지만 그때라도 멈췄어야 했다. 하지만 이미 그때는 술이 술을 먹고 있는 상황. 멈추지 않고 술자리를 계속했다.

잠시 후, 다시 아내에게서 연락이 왔다. 긴급 상황이었다. 바로 병원으로 오라는 호출! 그제야 정신을 차린 나는 부랴부랴 옷이라도 갈아입고 가야겠다는 마음에 얼른 집으로 들어갔다. 술 냄새, 음식 냄새, 담배 냄새가 섞여 있는 터라 우선 샤워를 해야겠다고 생각했다. 후딱 샤워를 마치고 나서 아무리 한밤중이지만 그래도 8월 중순이라 여전히 더운 날씨에 헤어드라이어를 쓰고 싶지 않아 선풍기를 켜고 그 앞에 앉았다. 바닥에 앉아 있으니 다리도 저리고 허리도 뻐근한 거 같아 잠깐 허리를 펼 생각으로 등을 바닥에 대고...

얼마나 시간이 지났을까? 미친 듯 울려대는 핸드폰 진동 소리에 정신을 차리고 받아보니 울부짖는 듯한 아내의 목소리가 들렸다.

"오빠! 도대체 어디야!!"

바로 간다고 하고 전화를 끊어보니 부재중 전화만 수십 통. 심지어 장모님에게까지 몇 통의 전화가 와있었다. 정말 세상모르고 속 편하게 푹 잔 모양이었다.

시간은 벌써 아침 6시! 빛의 속도로 달렸다. 다행히 광복절 아침 올림픽대로는 차 없이 한산했다. 입이 열 개라도 할 소리는 아니지만 다행히 출산하기 전에 병원에 도착할 수 있었다. 아이가 나오길 기다리면서 설렘이나 흥분보다는 분주하게 내 주변을 오가는 의사나 간호사 분들이 나한테서 혹시 날지 모르는 술 냄새를 눈치 채면 어쩌지 하는 걱정이 앞섰던 것 같다.

이 모든 난리 법석에도 불구하고 도착한 지 얼마 되지 않아 이 효녀 아기는 응애 하고 세상에 나왔다. 2012년 8월 15일 오전 8시 44분. 그렇게 우리 똔똔이가 2.12kg의 몸무게로 건강하게 그리고 무사히 엄마 아빠를 만난 것이다.

이런 망나니 같은 나의 만행에도 건강하게 낳아준 그리고 나와 준 아내와 딸이 너무 고맙기만 하다. 평생 아내에게 딸에게 그날의 만행을 속죄하며 최선을 다해 살고자 한다. 이 책도 그런 죄닦음 중 하나려나?

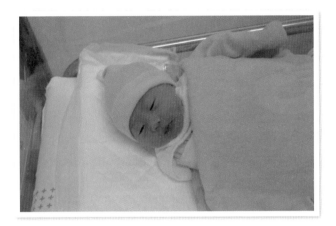

아빠의 취미

예전부터 딱히 취미라고 할 만한 게 없었다. 취미라는 게 뭐 거창한 건 아니고 그냥 여유로운 시간이 생겼을 때 하고 싶은 것쯤으로 기준을 낮게 잡아 본다고 해도 마땅히 없다. 코가 삐뚤어지게 잠자기, 스마트폰 보며 시간 때우기 뭐 이런 걸 취미라고 하기에도 창피하고. 영화 감상, 음악 감상, 독서 이런 것들은 정도에 따라 다르긴 하겠지만 국민 대다수가 좋아하는 것들이라 너무 성의 없는 취미인 거 같기도 하고. 그렇다고 술 먹기, 담배 피우기(참고로 금연 15년 차)를 취미라고 할 수도 없고!

도대체 나의 취미는 무엇일까?

내일모레 50을 바라보는 그러니까 반백 살을 살고 난 지금까지도 취미 하나 없다니! 사실 취미가 없는 게 문제라기보다 취미가 없는 게 문제라고 느끼는 게 문제라고나 할까? 문득문득 이렇게 회사 집 회사 집을 오가는 생활을 반복하다 보면 나한텐 남는 건 뭔가 싶은 생각이 들기도 한다. 오롯이 나를 위한 시간을 만들지 못하고 있는 느낌?

취미를 갖긴 해야 하는데 낚시는 괜히 잔인한 것 같고, 등산이 좋은 건 알겠는데 너무 힘들기도 하고 좀 더 나이 들어서 해도 될 것 같고, 자전거도 타보긴 했는데 어쩐지 위험한 것 같고 들어 보니 돈도 많이 든다고 하고, 캠핑은 그나마 취향에 맞았는데 딸아이가 허락을 하지 않고, 최근 유행이라는 서핑은 몇 번 해보긴 했는데 물 공포증이 너무 심해 힘들 것 같고.

아니면 실내에서 뭐 할 수 있는 게 없나? PC 게임은 워낙에 흥미와 소질이 없고, 실내 클라이밍은 고소 공포증 때문에 힘들고, 필라테스는 어쩐지 여자들이 주로 하는 운동 같아 꺼려지고, 배구는 예전부터 좋아하긴 했는데 혼자 할 수 있는 운동이 아니고. 십자수? 컬러링북? 퍼즐? 아유, 벌써부터 머리랑 눈이 아프다.

아빠의 첫 번째 취미 후보, 야구

사실 취미를 갖기 위해 노력을 안 해본 것도 아니다. 지금으로부터 10년 전쯤 회사에 야구 동호회가 생겼다. 예전부터 야구를 좋아하기도 했고 소싯적에 '나도 한번 야구선수나 해볼까'란 허황된 꿈도 꿔봤기에 동호회에 가입해 주말마다 야구를 할 수 있다는 사실에 살짝 설레기도 했다. 더구나 낯을 가리는 성격 탓에 잘 모르는 사람들 사이에 혼자 껴서 부대끼는 걸 잘 못하는 편인데 주변에 온통 매일 얼굴을 마주치는 직장 동료들이니 거리낄 것도 없었다. 등번호를 정하고 유니폼 스타일(바지통을 넓고 길게 할지 아니면 소위 농군 스타일로 양말을 종아리까지 올려 신을지 등)을 정하고 글러브를 사고 스파이크 달린 야구화도 사고... 야구장에 나갈 준비를 하는 과정에서도 은근히 뭔가 들뜨는 기분이었다. 끼리끼리 모여 낄낄대며 연습하는 과정도 즐거웠던 것 같다.

드디어 첫 경기 당일. 경기도 장흥 어딘가에 있는 구장이었던 것 같은데, 내가 몇 번 타자였는지 정확하게 기억은 나지 않지만 그다지 뛰어나지 않은 운동신경 탓에 7, 8번쯤을 맡았던 것 같다. 수비 위치도 역시 가장 공이 덜 올 와 부담스럽지 않다는 우익수를 맡게 되었다. 아무리 사회인 야구지만 이것도 실전이라고 경기가 시작되니 꽤 긴장이 되었다. 게다가 첫 수비부터 공이 잘 안 온다는 누군가의 거짓 정보와 달리 장타성 플라이볼이 내 앞으로 날아오는 게 아닌가! '저게 왜 내 쪽으로 와??' 하는 마음이 잠시 들었지만 이내 자세를 가다듬고 멋지게 캐치 성공!

저 멀리 동료들의 환호. 내가 그 어렵다는 외야 플라이볼을 잡아내다니! 그것도 위치 선정까지 기가 막히게 해서 말이야!! 사실 지금 생각해보면 내가 위치를 잘 선정한 게 아니고 공이 내 위치로 날아온 거였다. 아무튼 그때는 이런 생각이 들었다. 이게 야구의 매력인 거구나! 나 혹시 야구의 소질이 있는 건가? 이 사실을 30년만 일찍 알았어도... 게다가 한동안 무슨 운이었는지는 몰라도 4할대의 타율도 유지하고 있었다.

이제부터 나의 취미는 야구다!

그렇게 몇 달이 흐른 후 결과적으로 난 야구를 그만두게 되었다. 왜냐고? 첫 번째 이유는 우선 부상 때문이었다. 부상이라고 하면 마치 메이저리거가 부상을 입고 시즌 아웃된다 뭐 그런 거창한 이야기 같지만 생각보다 야구는 꽤 위험한 종목이었다. 굴러오는 땅볼을 잡지 못해 정강이에라도 맞으면 숨이 안 쉬어질 정도로 아픈 데다 며칠 동안 시퍼렇게 멍이 들 지경이었다. 사실 이름이 공이라 그렇지 그건 날아다니는 돌덩이나 다름없었다.

그리고 또 한 가지 문제는 내 저질 체력이었다. 팀에서 야구 좀 잘해보겠다고 선출(선수 출신) 코치를 모셔서 레슨을 한 적이 있는데, 땡볕에 펑고(수비 연습을 위해 쳐주는 타구) 연습을 하다가 거의 기절 직전까지 간 적도 있었다. 홀로 벤치에 누워 이런 생각을 했던 것 같다.

'아, 나랑 야구는 별로 안 맞는 거 같다.'

게다가 신생아 딸내미를 두고 주말 아침마다 기어나가느라 아내에게 눈치가 보이기도 했다. 깔끔하게 야구를 포기했다.

아빠의 두 번째 취미 후보, 골프

두 번째 취미 후보는 골프였다. 나이가 마흔 정도 되었을 때 '이제 나도 나이를 먹었으니 골프를 배워야지'란 생각이 들었다. 주변에서 비즈니스 미팅을 겸해 골프장에 가서 여러 사람들을 만나 운동도 하고 정보도 주고받았다는 이야기를 들으면 은근히 폼이 나 보였다. '사회생활하려면 골프는 필수'란 말도 엄청 들었던 것 같다. 하기야 예전에는 사회생활하려면 당구가 필수란 얘기를 하곤 했는데 지나고 보니 꼭 그렇지도 않긴 했지만.

어쨌거나 딱히 계기가 없어 차일피일 미루고 있었는데 우연히 기회가 찾아왔다. 장인어른께서 한번 쳐보라며 쓰시던 골프채를 풀 세트로 주신 거였다. 원래 골프는 고가의 장비가 높은 진입장벽이라고 할 수 있는데 그 벽이 사라진 것이었다. 기회를 놓치지 않고 동네 스포츠센터에 가서 레슨을 받기 시작했다.

사실 언뜻 생각해보면 골프는 나와 전혀 맞지 않는 운동이었다. 처음 한참 동안은 7번 아이언을 들고 똑딱이라고 불리는 연습을 무한 반복해야 하는 지루함과 은근히 머리를 써야 하는 복잡함 그리고 소심하기 짝이 없는 나와 어울리지 않는 멘털이 아주 중요한 스포츠였던 거다.

그런데 신기하게도 그런 모든 난관에도 불구하고 난 골프에 빠졌다. 고등학교 때 당구에 빠진 친구들이 학교에서 칠판을 봐도 집에서 자려고 누워 천장을 봐도 온통 당구 다이(어쩐지 이렇게 불러야 맛이 산다)로 보인다고 했는데 불과 몇 달 만에 내 경우가 그랬다. 좀 넓은 공터만 나가도 '여기서 저기까지가 몇 미터 되려나' 하며 '몇 번 아이언이 좋을까' 생각하게 됐고 지하철을 기다리면서도 괜히 허리를 돌리면서 스윙 자세를 교정하곤 했다. 나도 안다. 그러는 아저씨들 되게 비호감으로 보이는 거. 급기야 뭐든 절대 혼자 안 하는 성격을 무릅쓰고 홀로 스크린골프장을 찾아 연습을 하기도 했다.

골프가 뭐 그리 좋았을까. 우선 해도 해도 실력이 눈에 띄게 늘지 않는다는 점이 오히려 호감으로 다가왔다. 사실 이건 고수 분들이 많이 하는 얘기인데 골프란 게 1년이 지나도 5년이 지나도 10년이 지나도 계속 어렵다는 거였다. 정복할 수 없는 산과 같은? 그 점이 참 매력적으로 보였다.

이것보다 더 솔직한 이유는 골프장에 가는 행위 자체가 참 좋았다. 보통 골프는 주말 새벽에 하기 마련인데 어느 골프장을 가나 아침 공기는 상쾌하기만 했다. 탁 트인 그린을 보면 그동안 쌓인 스트레스가 풀리는 것도 같았다. 심지어 모든 레포츠가 그렇긴 하겠지만 끝나고 나서 지인들과 맛있는 음식을 먹을 수 있다는 것도 큰 매력이었다. 그맘때쯤엔 처음 만나는 사람과 업무 미팅을 하다가도 골프 얘기가 나와 한참을 수다 떨 정도였다.

이제부터 나의 취미는 골프다!!

하지만 1년이 조금 넘게 지났을 때쯤. 난 골프를 그만두게 되었다. 뜻밖의 복병은 육아였다. 당시 딸아이가 두세 살쯤이라 한창 손이 많이 갈 시기였는데 골프를 치는 날에는 육아에 전혀 참여할 수가 없었다. 보통 주말에 골프를 치게 되는데 아무리 새벽에 나간다고 해도 차를 타고 가서 18홀을 돌고 씻고 밥먹고 다시 교통체증을 뚫고 차를 타고 집으로 돌아오면 어느새 날은 어둑어둑해져 있었다. 월요일부터 금요일까지 독박 육아를 하는 아내 입장에서는 충분히 불만을 가질 만한 상황이었다. 그래서 언젠가부터는 시간이 늦을까 봐 운동이 끝나자마자 다른 사람들과 함께 밥도 먹지 않고 혼자 먼저 오게 되고 심지어 샤워도 안 하고 바로 집으로 돌아온 적도 있었다. 근데 몇 번 그러고 나니 취미라는 게 즐겁자고 하는 건데 늘 집에 늦을까 봐 전전긍긍하는 게 오히려 스트레스가 되는 것 같았다. 그렇다고 세상 가장 소중한 딸내미의 육아를 내팽개칠 수도 있지 않은가.

게다가 골프는 은근히 경제적으로도 만만치 않은 운동이었다. 한 번 칠 때마다 최소 20~30만 원씩은 깨지니 그것도 영 부담스러웠다. 경제적인 부담을 그나마 덜려면 평일에 치면 되긴 하는데 회사원 입장에서는 언감생심. 골프를 하기에는 아직 시간적, 경제적 여유가 부족하다는 생각이 들었다. 그래서 깔끔하게 골프도 포기했다.

아빠의 요즘 취미

그 뒤로 몇 년이 흘렀다. 앞서도 얘기했지만 아직도 마땅한 취미는 없다. 아니, 취미가 있긴 하다. 요즘 내 취미는 바로 육아다. 딸아이와 놀기를 취미로 삼기로 한 것이다. 어차피 아빠로서 딸과 잘 놀아줘야 되는 건 당연한 임무이고 그렇다면 이왕 노는 거 아빠도 즐겁게 놀면 어떨까 생각이 들었다. 아빠가 즐거워야 아이도 즐거운 건 당연한 사실. 그래서 그때부터 어떻게 하면 재밌고 다양하게 놀 수 있을까 더 고민을 한 것 같다. 딸아이와 놀면서 나도 즐겁고 아이가 재밌어하는 모습을 보면 행복하기도 하고. 이쯤 되면 취미라 불러도 무방한 거 아닌가?

이제 어디를 가든 당당하게 말해야겠다.

제 취미는 아이와 놀기입니다.
그리고 특기는 아이와 '재밌게' 놀기입니다.

딸! 인정?

 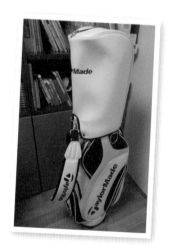

윙크공주,
병원에 간 사연

아이가 세 살 정도 됐을 때 주말을 맞아 서울 외곽에 있는 대형 아웃렛을 찾았다. 요즘 아웃렛들은 워낙 잘 만들어 놓아서 먹거리도 많고 놀 거리도 많아 주말에 가족끼리 시간 보내기에 더할 나위 없이 좋다. 그래서 그날도 쇼핑도 할 겸 나들이도 할 겸 오랜만에 아웃렛을 찾아 여기저기 구경하며 돌아다니고 있었다. 그러다 어느 옷가게를 들어갔는데 종업원 분이 우리 딸을 보더니 이렇게 말씀하시는 거였다.

"아유~ 윙크공주가 왔네."

처음엔 무슨 소리인가 해서 아이를 봤더니 정말 윙크하는 것처럼 한쪽 눈을 찡긋 감고 있는 것이 아닌가. 그맘때야 뭐든 신기해서 이것저것 해보는 나이니 그저 그러려니 대수롭지 않게 넘겼다. 오히려 그 모습이 너무 귀여워서 "우리 딸 윙크 잘하네." 하며 칭찬을 해주었던 것 같다.

그런데 시간이 갈수록 한쪽 눈을 윙크하는 것처럼 찡긋 감는 횟수가 더욱 빈번해졌다. 특히 햇빛이 눈부시게 밝은 곳에 나가면 그 증상이 더욱 심해지는 것 같았다. 어쩐지 이상하다 싶어 가까운 안과를 찾았다. 별일 아니겠지 했는데 의사 분의 말은 별일 아닌 게 아니었다. 아이가 '간헐성 외사시'인 것 같다고 했다. 단어가 어렵고 복잡한 느낌이지만 결국은 '사시'라는 거였다. 사시라니. 내 딸이 사시라니. 딸과 아내의 눈치가 보여 별거 아니라는 듯 괜찮은 척 안심시켰지만 내심 충격이 이루 말할 수 없었다. 기침만 몇 번 콜록거려도, 코 파다가 코에서 피가 조금만 나와도 가슴이 철렁한데... 걱정이 덜컥 됐다. 혹시 평생 못 고치는 건 아닌 건지.

아이의 수술을 앞에 두고

병원에서 들은 얘기를 바탕으로 인터넷에 간헐성 외사시에 대해 폭풍 검색을 해보았다. 간헐성 외사시. 말 그대로 가끔 눈동자가 바깥쪽으로 빠지는 증상을 뜻했다. 우리 아이의 경우엔 왼쪽 눈이 그랬다. 살면서 한 번도 들어보지 못한 단어였는데 꽤 많은 아이들이 간헐성 외사시 진단을 받는다고 했다. 100명 중에 3~4명 꼴이라고 했다. 스트레스를 받거나 강한 빛이 있는 상황이면 그 증세가 더 심해질 수도 있다고 했다. 수술 외에는 딱히 치료법이 없어보였다. 종합해보니 다행히 수술을 하면 괜찮아지는 그렇게 심각한 상황은 아니라고 판단이 되었다.

하지만 금쪽같은 내 새끼의 눈을 수술한다는데 어찌 심각하지 않게 받아들일 수 있겠는가? 모든 부모의 마음이 똑같겠지만 조금이라도 더 실력 있는 의사 분을 만나고 싶었다. 역시나 인터넷 정보를 뒤져 어린이 사시 분야에서 저명한 선생님들을 찾아보았다. 세 분 정도로 압축이 되었는데 고민 끝에 아이가 태어난 병원에 계신 선생님을 찾아가기로 마음을 먹었다.

그러나 내가 병원에 진료를 받으러 가고 싶다고 해서 바로 갈 수 있는 상황이 아니었다. 이름난 의사 선생님이다 보니 예약이 한참이나 밀려 있었다. 그렇게 그로부터 몇 달의 시간이 지나고 어렵게 예약 날을 받아 병원을 찾았다. 이른 아침부터 병원엘 갔는데... 이럴 수가! 이렇게나 많은 아이들이 눈이 아파 이 시간부터 병원엘 와있다니. 놀라지 않을 수가 없었다. 건강의 소중함을 새삼 깨달았다.

간단한 검사를 받고 나서 드디어 선생님을 직접 만나는 시간. 확실히 전문가 선생님이라 그런지 아이들을 다루는 솜씨가 무척이나 능숙해 보였다. 아이의 눈 상태를 살펴본 후 선생님의 말씀. 간헐성 외사시인 것 맞고 증상이 더 심해지지 않는지 당분간 경과를 지켜봐야 될 것 같다, 그리고 지금은 너무 어리니 좀 더 큰 다음에 수술을 하는 게 좋을 거 같다는 말씀이셨다. 특별히 부모가 신경 써야 할 부분은 없냐고 여쭈었더니 특별한 방법은 없고 부모가 아이의 눈 증상이 언제 얼마나 어떻게 심해지는지를 잘 체크하고 있다가 정기적으로 병원에 와서 검사를 받는 게 중요하다고 했다. 한편으로는 안심도 되고 한편으로는 긴장도 되었다.

그 후 약 5년 가까이 3개월 또는 6개월마다 한 번씩 병원을 다니며 검진을 하였다. 다행히 아이의 눈 상태는 크게 악화되지 않았고 초등학교 입학하고 난 후 여름방학을 맞아 수술을 하게 되었다. 내 수준에서 이해한 수술의 원리를 간단히 말하자면 눈동자를 당기는 근육의 힘이 느슨해져서 눈이 자꾸 밖으로 빠진 상태인데, 그 근육을 잘라 이어 붙여서 당기는 힘을 복원시키는 것이다.

2박 3일 입원을 하였는데 입원 둘째 날 수술을 하게 되었다. 드디어 수술 당일. 괜찮을 거라며 걱정하지 말라며 시답잖은 농담을 섞어가며 아이를 안심시켰다. 하지만 수술을 앞둔 수십 명의 환자들 무리에 섞여 아침 8시부터 휠체어를 타고 대기하고 있다가 수술실에 들어가는 딸아이의 뒷모습을 보자니 이루 말할 수 없이 마음이 착잡했다. 병원에 올 때마다 드는 생각이지만 '아프지 말아야지... 아프지 말아야지...' 하는 생각이 절로 들었다. 아이가 수술실에 들어가고 난 후 아내는 결국 울음을 터뜨렸다.

건강이 최고다

길고도 짧은 시간이 지나고 수술은 무사히 끝났다. 수술 다음 날 퇴원했고 눈에 물이 들어가면 안 되어서 며칠 머리를 감지 못하는 것이 불편할 뿐 안약을 넣어주기만 하면 일상생활에 크게 불편을 초래할 정도는 아니었다. 그 후 시간이 더 지나고 다시 병원을 찾아 수술도 잘 되었고 경과도 좋다는 말씀을 들었다. 나중에 몇 년 지나서 재발할 수도 있으니 시간을 두고 지켜보자는 말씀도 들었다. 모든 게 참으로 다행이었다. 모든 게 참으로 감사했다. 그리고 2년이 지난 지금도 정기적으로 병원에 가서 검사를 받고 있지만 현재까지는 별다른 이상 징후 없이 씩씩하고 건강하게 잘 자라주고 있다.

병원에 자주 드나들면서 있었던 에피소드를 하나 소개하면서 글을 마칠까 한다. 언젠가 병원 진료실 앞에서 대기하고 있었는데 그날따라 주머니에 만 원짜리가 세 장이 있었다. 그런데 접수다 검사다 정신없이 병원을 왔다 갔다 하다 보니 주머니에 있던 만 원짜리들이 온데간데없이 사라진 게 아닌가. 안 그래도 신경이 곤두선 상황에서 이루 말할 수 없는 짜증이 올라왔다. 그때 옆에 있던 아내가 짜증이 잔뜩 섞인 내 얼굴을 보고 했던 말이 기억에 남는다.

"그냥 여기 눈 아픈 아이들한테 치료비 보태줬다고 생각하자!"

그 말을 들으니 찬물을 끼얹은 것처럼 화가 가라앉았다. 그래... 관점을 달리
하면 그렇게 생각할 수도 있는 것이었다. 그러고 보니 처음 병원에 왔을 때 수
많은 아이들을 보며 눈이 아픈 아이들을 위해서 언젠가 꼭 기부를 해야겠다고
마음먹었었다. 아이가 완쾌하고 나면 꼭 실행에 옮기겠다고 했던 그때의 간사
한 다짐은 부끄럽게도 아직 지켜지지 못하고 있다. 그 다짐을 다시 한번 떠올
리며 이런 바람을 가져본다.

우리 딸은 물론이고 세상 모든 아이들이 아프지 않은, 아프더라도 조금만
아프고 금방 낫는 세상이 얼른 오게 해 주세요. 꼭이요!

I wanna be a dancer

얼마 전 한 드라마 PD 분을 만날 기회가 있었다. 이런 저런 대화를 나누던 중 아역 연기자들에 관한 얘기가 나왔다. 그 분의 경험에 따르면 이제까지 작품에서 만난 아역 연기자 중 가장 기억에 남는 사람은 여진구 씨와 김유정 씨였다고 한다. 그 둘은 어렸을 때부터 가히 타고난 연기자였다는 말과 함께. 문득 궁금해졌다. 세상 모든 아이들이 여진구와 김유정처럼 연기를 할 수 있는 것도 아닐 텐데, 아이의 재능에 대해 정확히 모르는 상황에서 도대체 어떤 기준을 갖고 본격적으로 아역 연기자를 시킬지 말지를 정해야하나 라는 질문을 했는데 그에 대한 답이 무척 인상적이었다.

"너 공부 제대로 안 하면 연기 안 시킬 거야!"

이 정도 협박이 통해야 아역 연기자를 시킬 만하다는 것이었다. 그 말인즉슨 부모가 억지로 시킨다고 되는 것도 아니고 본인이 스스로 즐기고 재미를 느끼는 것이 첫 번째 조건이라는 것이었다. 연기가 너무 좋아 하기 싫은 공부까지 하게 되는 경지라...

무용 학원에 가다

딸아이가 일곱 살 때쯤 엄마랑 집 앞 상가에 갈 일이 있었는데 상가 안 무용 학원 앞에서 자연스레 발길이 멈추더란다. 창 너머로 언니들이 무용하는 모습을 한참을 넋을 놓고 지켜보더니 하는 말.

"엄마 나도 무용 배우고 싶어!"

하지만 아이의 말이 순간적인 충동 때문인 건지 아니면 진심인 건지 확인할 길이 없었다. 상담이나 한번 받아보고자 학원에 들어갔는데 다행인지 불행인지 마침 빈자리가 없어서 한 달 이상 기다려야 한다는 답을 들었다고 한다.

그로부터 약 두 달의 시간이 흘렀고... 그 두 달의 시간 동안 도대체 무용 학원은 언제부터 갈 수 있냐고 노래를 부르는 통에 자연스레 딸아이의 진심을 확인할 수 있었다. 그리고 마침내 빈자리가 생겨 일단 주 2회 출석하는 취미반에 등록하게 되었다. 직접 다녀 보니 흔히들 생각하는 발레가 아닌 현대 무용을 전문적으로 가르치는 학원이었다. 처음에는 단순히 지나가는 호기심일 것이라 생각해 집에서도 계속 학원에서 배운 스트레칭과 발레 동작을 연습하는 딸의 모습을 대수롭지 않게 여겼다.

그런데 다시 시간이 지나고 취미반에서 예비 전공반으로 가고 다시 정식 전공반으로 올라가고 그중에서도 최연소로 작품을 받아 무용 대회에 나가는 등 한 걸음씩 성장해가는 모습을 보면서 생각이 조금씩 바뀌기 시작했다.

'어쩌면 딸아이가 진짜 좋아하는 것을 다른 아이들보다 조금 일찍 찾은 게 아닐까?'

지금도 집에 있을 때면 몸이 근질거려 도저히 못 참겠다는 듯 다리를 찢고 빙글빙글 옆돌기를 하고 텀블링을 하는 등 잠시도 가만히 있질 못한다. 어떨 때는 자기만의 안무 동작을 짜서 즉석 공연을 펼치기도 한다. 그런 모습을 보고 있자면 '정말 무용을 즐기고 있기는 하구나'라는 생각이 절로 든다.

 아이의 엄지 척을 부르는 육아 꿀팁!

여기서 한 가지 팁이 있다면 아이가 하다가 중도에 포기한 경험이 있다고 해서 해당 분야를 아예 포기하게 하지는 말라는 것이다. 아이의 변덕은 당연히 있을 수 있는 것이다. 어른도 시시때때로 그럴 진데 하물며 아이는 오죽하겠는가? 우리 아이의 경우에도 다섯 살 무렵 유치원에서 하는 발레 수업을 잠깐 들었는데 좀 하다가 하기 싫다고 해서 그만두게 한 적이 있었다. 그래서 다시 무용 학원을 다니고 싶다고 할 때에도 금방 또 싫증낼 것이라고 예단한 측면이 있었다. 그런데 한 번 그만뒀다고 해서 꼭 꾸준히 못한다는 법은 없는 것 같다. 아이의 진심이 무엇인지 잘 파악하고 순간순간 바뀌는 마음에 대해서도 촉각을 곤두세우는 것이 중요할 듯싶다.

아이의 재능 찾기

한 조사에 따르면 '사교육비 지출이 늘어나는 가장 큰 이유는 무엇인가'라는 질문에 학부모들이 가장 많이 한 대답은 '아이의 재능을 발굴하거나 키워주기 위해서'(34.3%)였다고 한다. 내 주변에서도 자식들을 여러 학원에 보내는 이유가 뭘 좋아하고 잘하는지 몰라서이기 때문이라며 일찌감치 진로를 정한 딸을 둔 나를 부러워하는 사람들이 많다. 하기야 나도 무용에 열중하는 딸아이를 보며 문득문득 어린 나이에 벌써 자신이 좋아하고 잘하고 싶은 분야가 생겼다는 것이 놀랍기만 할 때가 많다. '나는 저 나이 때 아무 생각 없이 놀기만 했던 거 같은데' 이런 생각에 대견하기도 하다.

개인적으로 본인이 싫다고 하면 입시를 위한 공부는 절대 시키지 않겠다는 신념과 앞으로 4차 산업혁명 시대를 맞이해서 영어 수학 잘하는 게 뭐 그리 대수냐 하는 생각이 있던 터였다. 평소에도 아이가 자라 성인이 된 미래에는 어떤 직업이 살아남을까 하는 생각을 많이 했었다. 인간만이 할 수 있는 일, 로봇은 흉내 낼 수 없는 일이 무엇일까?

그런 생각 중에 오히려 예체능 분야가 각광 받을 수도 있겠다는 생각에 이르게 되었다. 게다가 무용의 경우는 더욱 유리해 보였다. 관객들이 로봇이 그린 그림 또는 작곡한 노래는 감상할 수 있어도 로봇이 추는 춤에 감동을 받기는 쉽지 않을 거란 생각에까지 이르렀다. 그래! 장래성은 오케이!

아버지는 말하셨지 인생을 즐겨라

하지만 인생은 100미터 달리기가 아닌 마라톤. 언젠가는 무용이 싫어질 수도 있고 다른 것이 더 좋아질 수도 있고 혹은 부상 때문에 하고 싶어도 못하게 될 수도 있고. 인생이란 언제나 뜻대로만 흘러갈 수 없다는 것을 알기에 부모 입장에서 최대한 뜻을 펼칠 수 있도록, 뜻을 펼치지 못하게 되더라도 실망하지 않고 다시 일어설 수 있도록 든든한 조력자가 되고자 한다.

요즘도 무용 학원에 다녀오면 내가 제일 먼저 물어보는 질문은 바로 "오늘 재미있었어?" 당연히 무용하러 갈 때에는 "오늘도 재미있게 하고 와!"이다.

앞으로 어떤 변화가 닥칠지 그리고 어떤 또 다른 선택의 갈림길을 마주할지는 모르겠지만 그때까지 좋아하는 무용을 마음껏 재미있게 했으면 하는 바람이다. 요즘도 딸아이가 말을 안 들을 때마다 엄마는 이렇게 협박을 하곤 한다.

"너 말 안 들으면 무용 학원 안 보낼 거야!!"

지옥이 따로 없다

예전 한 선생님께서 아이들에게 이런 말씀을 하시는 것을 들은 적이 있다.

"너네들 엄마한테 화났다고 소리 지르고 못되게 행동하고 방문 딱 닫고 들어가서 앉아 있으면 무슨 생각 들어! 괴롭지? 너무 미안하지? 다른 게 지옥이 아니야. 그 괴로운 마음이 바로 지옥인 거야."

응급실에 실려간 딸

딸아이가 일곱 살 무렵. 지극히 평범한 어느 토요일 아침이었다. 평소보다 조금 늦게 일어난 아이는 거실에 나와 아빠에게 왜 진작 자기를 깨우지 않았냐며 짜증을 부리고 있었다. 아빠와 조금이라도 더 일찍 놀고 싶다는 게 이유였다. 대수롭게 생각지 않았다. 그냥 '다른 때보다 짜증이 좀 심하네' 정도였다.

그런데! 내 무릎 위에 앉아서 칭얼거리던 딸이 어느 순간 한쪽 팔을 반복적으로 움직이기 시작했다. 왔다 갔다 왔다 갔다... 그런데 그 움직임이 심상치가 않았다. 일정한 패턴으로 팔을 계속 움직이는 것에 이상함을 느낀 나는 딸아이에게 왜 그러냐고 물었지만 딸은 제대로 대답하지 못했다. 뭔가 일이 일어났음을 느낀 나는 안방에 있던 아내를 다급하게 불렀다.

"이리 좀 나와 봐 애가 이상해!!"

그런데 팔을 흔들던 딸아이의 눈동자가 갑자기 뒤집어지더니 몸이 축 늘어졌다. 돌이켜 보면 그런 발작 증상이 바로 '경기'라는 것이었다.

깜짝 놀랐다는 말로는 충분치가 않은 일생일대의 충격이었다. 그 순간 머리가 하얘졌다. 단 한 번도 예상치 못했던 상황이었다. 짧은 순간에 오만 가지 방정맞은 생각들이 스치고 지나갔다. 내가 할 수 있는 게 아무것도 없었다. 그 흔한 응급조치도 생각나지 않았다. 아이 키우는 집 필독서라는 《삐뽀삐뽀 119》를 뒤질 겨를도 없었다.

겨우 119가 생각났다. 119에 급하게 전화를 걸어 상황을 설명하고 기다리는 수밖에 없었다. 구급차가 도착하는 데는 그리 오랜 시간이 걸리지 않았다. 채 10분이 걸리지 않은 것 같다. 구급차에 딸과 함께 타니 구급대원 분이 근처 어떤 병원을 갈 건지 물어보셨다. 좀 더 가까운 병원이 있긴 하지만 순간 어쩐지 좀 더 큰 대형 병원으로 가야 할 거 같아서 그 병원으로 가주십사 부탁을 드렸다.

여기서 반성할 일이 있다. 그전까지 가끔 구급차들이 사이렌을 요란하게 울리며 지나가면 나는 누군가에게 들었다며 "의사들 밥 먹으러 가나 보다." 하는 농담을 하곤 했다. 심지어 연예인들이 바쁜 스케줄 때문에 구급차를 이용한다는 기사도 접한 터였다. 단언컨대 그날 이후로 난 저 따위 얘기는 입 밖으로 절대 꺼내지 않는다. 아니, 그런 생각 자체를 하지 않는다. 얼마나 무지몽매한 생각이었나 절실히 깨달았다. 구급차 안에서의 불과 20분 남짓 시간. 앞차가 비켜주면 그렇게 고마울 수가 없었고 신호라도 걸리면 그 시간이 열 시간, 백 시간처럼 느껴졌다. 다행히 발작이 계속되진 않았고 구급차를 타고 가는 동안 정신이 어느 정도 돌아와 간단한 엄마 아빠의 질문에 답을 할 수 있는 상태는 되어 있었다.

병원에 도착해 응급실에 접수를 했다. 사실 다들 알다시피 응급실은 그야말로 '응급'한 환자가 많기 때문에 친절하고 자세한 설명을 들을 수는 없는 구조다. 몇 가지 검사를 해보자는 말을 듣고 그때부터 무작정 기다리는 수밖에 없었다. 보호자는 한 명만 같이 있을 수 있다기에 아내는 응급실 안에서 딸아이와 함께 있고 나는 응급실 바로 앞 의자에 앉아 기다렸다.

그제야 아침서부터 불과 한두 시간 동안 생겼던 일들이 주마등처럼 스쳐 지나갔다. 대체 왜 그랬던 걸까? 무슨 심각한 병일까? 수술을 해야 하는 건가? 후유증이 남는 걸까? 평생 발작을 계속하면 어떡하지?

지옥이 따로 없었다.

그런 생각들을 하며 앉았던 응급실 앞 의자. 그곳이 나에겐 지옥이었다. 살면서 그렇게 괴로운 순간은 없었던 것 같다. 하물며 전날 슬라임 카페에 잠깐 다녀온 것 때문인가 별별 생각이 다 들었다. 과학적인 인과관계는 밝히지 못했지만 그날 이후로 슬라임 근처는 얼씬도 못하게 했다.

아빠의 다짐

다행히 시간이 지나고 아이는 점점 안정을 찾는 것 같았다. 검사 때문에 금식 조치가 내려진 터라 아무것도 먹지 못했기 때문에 배고프다며 짜증을 부리기도 했다. 나에겐 그 짜증이 오히려 다행으로 느껴졌다. '그래, 기운이 있어야 짜증도 내는 거지! 얼마든지 받아줄게. 짜증 부리렴!' 결국 몇 가지 검사에도 직접적인 원인은 밝힐 수 없었고 나중에 정식 예약을 잡고 좀 더 자세한 검사를 해보자는 선에서 그날 병원에서의 시간은 마무리가 되었다.

밖을 나와 보니 어느새 저녁. 퇴원하려고 보니 아이가 신발을 신고 있지 않았다. 급하게 뛰어나오느라 그걸 챙길 여유조차 없었던 것이다. 딸아이를 꼭 안고 택시를 타고 집에 돌아왔다. 신발을 챙겼더라도 물론 내내 품에 안아서 집에 왔을 것이다.

얼마 후 아이가 태어날 때부터 꾸준히 다녀 진료 기록이 남아 있는 한 대학병원에 가서 뇌파 검사를 받고 MRI를 찍었다. 그 후에도 정기적으로 병원을 찾아 각종 검사를 했다. 그렇게 약 1년의 시간이 지나고, 결국 정확한 원인은 알아내지 못했지만 이제는 안심해도 될 것 같다는 의사 선생님의 말씀을 듣게 되었다. 밤에 일찍 자는 습관을 유지하고 이왕 혼낼 일이 있으면 아침 말고 밤에 혼내주라는 팁도 듣게 되었다. 딸에게는 아침이 취약한 시간인 모양이었다. 이 정도로 무사히 끝나다니... 정말 감사하고 또 감사한 일이다. 병원에 갈 때마다 느끼는 거지만 아픈 아이들을 보면서 그저 자식이 크게 아픈 곳 없이 자라 주는 것만으로도 효도라는 사실을 뼈저리게 느끼게 된다.

오늘도 다짐한다. 엄마 아빠 말 좀 안 듣고, 못된 말도 좀 하고, 공부하기 싫다고 땡깡도 부리고 일어나기 싫다고 짜증도 좀 내고, 놀던 장난감 치우기 싫다고 게으름도 피우고 그런 것들은 얼마든지 받아줄 테니 부디 건강하게만 자라다오!!

가슴 벅찬
재롱잔치의 추억

벅차오르다

[동사] 큰 감격이나 기쁨으로 가슴이 몹시 뿌듯하여 오다

아이를 키우는 매 순간순간이 감동이고 기쁨이겠지만 그중에서 특별히 마음이 울컥해지는, 소위 벅차오르는 순간이 종종 있었다.

벅차오르는 순간들

우선 첫 번째로 떠오르는 장면. 아이가 두 돌이 채 안되었을 때였다. 토요일 저녁이었고, 아내는 오랜만에 친구와 만나기 위해 외출을 했다. 그때만 해도 혼자서 아이를 본다는 것이 두렵고 막막하기만 할 때. 친구랑 편안하게 놀다 오라며 호기롭게 아내를 보내고 나서 혼자서 겨우겨우 이유식 먹이고 목욕시키고 재울 준비까지 마쳤다. 불을 끄고 엄마를 찾느라 칭얼거리는 아이를 간신히 달래서 재우는데...

얼마나 지났을까.

새근새근 잠든 아이 옆에 누워 있었다. 그런데 바로 내 코앞에서 잠든 아이가 숨을 쉴 때마다 그 달큰하고 따뜻한 입김이 내 얼굴에 닿는 것이었다. 그런데 그 순간 괜스레 가슴이 벅차올랐었다. 그리고 이런 생각을 했던 것 같다.

'아, 이 장면은 평생 기억에 남을 것 같다.'

내가 나중에 나이 들어 죽는 순간에 떠오르는 모습 중 하나일 것 같다는 생각이 들었다. 어쩐지 그 장면은 지금 다시 생각해도 벅차오른다. 숨 쉬는 것만으로 나를 벅차오르게 하는 존재가 있다니!

아이를 키우면서 기억에 남는 벅차올랐던 순간 두 번째. 아마도 많은 부모들이 이 말에 공감할 것 같은데 바로 유치원 재롱잔치의 순간이다. 어느 개그맨의 옛날 유행어를 빌려 말하자면 "유치원 재롱잔치 그까이거 뭐 그냥 대충 애들 이상한 옷 입혀서 어설프게 노래하고 춤춘 다음에 박수 좀 쳐주면 되는 거지..."라고 할 수도 있다. 그게 뭐 대단하길래 벅차오르기까지 하냐는 생각이 들 수도 있다는 거다. 그래 그럴 수 있다. 이해한다. 나도 아이를 낳아 키우기 전에는 그랬으니까.

감동의 재롱잔치

지금으로부터 15년 전쯤. 누나의 아들, 즉 조카의 유치원 재롱잔치에 불려 간 적이 있다. 직업이 PD이니 와서 조카의 모습을 촬영해 달라는 부탁이었다. 일종의 재능 기부라고나 할까? 아무튼 직업 정신을 발휘해 당시 방송 제작에 주로 쓰이던 6mm 카메라까지 들고 가 열심히 찍고 있었다. 한참 공연이 진행되고 난 후 조카가 혼자 무대에 나와서 자기 이름을 얘기하면서 "부모님 사랑합니다. 키워주셔서 감사합니다." 뭐 그런 말을 하는 시간이었다. 물론 조카가 유치원 대표로 뽑힌 것도 아니었고 모든 유치원생들이 돌아가며 한 번씩 나와서 말하는 순서였다. 그런데 그 모습을 보던 누나와 매형이 모두 눈물을 글썽이는 것이었다. 언제 저렇게 컸냐며... 도저히 이해가 안 되었다. 저게 저렇게 눈시울까지 붉히며 난리 칠 일인가?

시간이 흘러 나도 딸아이의 유치원 재롱잔치에 갈 때가 되었다. 관객석만 무려 300석이 넘는 집 근처 청소년회관에서 열리고 전문 MC까지 섭외된 동네 유치원 행사치고는 꽤 규모 있는 행사였다. 이번에야말로 아빠의 재능을 발휘해 재롱잔치 영상을 방송급 퀄리티로 제대로 만들어 보겠다는 각오를 다지고 있었다. 시작 전부터 자리를 잡고 카메라를 세팅하고 앵글을 점검하고 방송 촬영을 방불케 하는 준비를 하고 있었다. 그런데 마음이 조금 이상했다. 재롱잔치가 처음도 아닌데. 예전 조카의 재롱잔치 때와는 달리 묘한 설렘과 흥분이 있었다.

드디어 공연이 시작되고 딸아이가 속해 있는 조의 공연이 시작되었다. 그동안 참 많은 연예인들을 촬영해 보았지만 그 어떤 슈퍼스타가 나온다 해도 이런 긴장과 집중은 없었던 것 같다. 딸아이의 등장서부터 팔로우해서 일거수일투족도 놓치지 않겠다는 각오로 그야말로 초집중해서 촬영을 했다.

그런데 묘하게도 매일 집에서 보던 딸아이인데, 무대 위에서 그것도 카메라를 통해 본 딸아이의 모습은 조금 낯설었다. 음악에 맞춰 율동을 시작하는데 그 순간부터 이미 무장해제. 틀리면 어쩌지 하는 걱정보다는 아니 우리 딸이 언제 저렇게 컸지? 집에서는 맨날 애기 짓만 하는데 저렇게 큰 무대에서 어찌

저리 당당히 맡은 바 자기 역할을 해낼까? 연습하느라 얼마나 힘들었을까?

울컥의 연속이었다.

그렇게 무사히 첫 순서가 끝나고 걱정과는 달리 무대 밑에 있는 엄마에게 손을 흔드는 여유까지 보이는 우리 딸. 그 뒤로 세상 그 어떤 공연보다 열광적인 환호가 터져 나오는 공연이 계속 진행되었다. 각 순서가 끝날 때마다 엄마 아빠 또는 할머니 할아버지들은 아이들의 이름을 부르며 열렬히 응원을 해줬다. BTS 부럽지 않았다. 우리 집도 마찬가지였다. 그 후로도 대여섯 번의 등장이 더 있었다. 친구들과 율동도 하고 악기 연주도 하고 영어로 노래도 하고. 세상 그렇게 재미있는 버라이어티 쇼가 어디 있을까. 출연자 섭외의 중요성을 새삼 느끼게 한 공연이었다.

그중에서도 특별히 기억나는 무대. 친구들과의 합창이었는데 이런 가사가 들렸다.

아빠 사랑해요 내 작은 마음 모두 드릴게요
엄마 고마워요 이제는 내가 지켜 줄게요

나중에 알고 보니 〈행복의 날개〉라는 노래였다. 물론 딸이 직접 쓴 가사는 아니지만 딸의 입을 통해 들으니 가사가 어찌나 뭉클하던지. 지금도 가끔 그 노래를 들으면 그때 생각이 나곤 한다.

그렇게 별 탈 없이 공연은 잘 끝나게 되었다. 예전 TV 프로그램에서 자주 보여줬던 시청자 제보 비디오처럼 공연하다 부딪쳐 친구랑 싸우는 아이도 없었고 갑자기 무대에서 오줌을 싼다거나 특별히 실수를 한다거나하는 그런 아이들은 없었다. 모두 완벽한 공연을 꾸며 주었다. 앞으로도 아이를 키우면서 벅차오르는 순간들이 또 얼마나 많이 기다리고 있을지 그날의 감격을 떠올리며 설레는 마음으로 최선을 다해 육아에 전념하리라 다짐해본다.

그리고 이 자리를 빌려 재롱잔치 경품 추첨에서 아내의 번호를 뽑아주시어 우리 집에 쌀 1kg의 기쁨을 안겨주신 이름이 기억나지 않는 그 MC 분께 심심한 감사를 드린다.

 아이의 엄지 척을 부르는 육아 꿀팁!

끝으로 아직 재롱잔치를 경험하지 못한 부모들을 위한 팁!

- 무조건 전 과정을 동영상으로 촬영하시라. 나중에 꺼내볼 때마다 흐뭇해진다.
- 어지간하면 직장에서 휴가 아니 반차라도 내고 꼭 참석하시라. 두고두고 참석 안 한 걸 후회할 수 있다.
- 끝나면 고생했다고 꼭 안아주고 가족들끼리 맛있는 거 드시러 가시라. 원래 좋은 날엔 그러는 거다.

드디어
학부모가 되다

나이가 들면 들수록 어릴 때 기억이 점점 희미해지기 마련. 특히 일곱 살 이전 기억들은 가물가물한 경우가 많다. 나의 경우에도 초등학교 정도부터는 뜨문뜨문 기억나는 일이 많다. 야구부에 들고 싶어 기웃거리던 기억, 친구들이 방방 타는 것을 보고 부러워했던 기억, 채변봉투 취합 임무를 맡아 그게 뭐라고 뿌듯했던 기억 등등...

아이를 낳고 키우느라 정신없이 그리고 열심히 살았노라 자부한다. 그런데 어느 날 정신을 차려보니 언제나 갓난아기 같았던 우리 딸이 어느새 훌쩍 커버려 초등학교에 들어갈 나이가 된 게 아닌가. 그 말인즉슨 이제부터는 아빠가 해주는 것들이 나중에 얼추 다 기억날 거라는 얘기? 정신이 번쩍 들었다. 더 열심히 놀아주고 잘해줘야겠다는 생각이 들었다.

예전에 아이의 어린 시절 기억에 관해 아내와 이런 얘기를 나눈 적이 있다. 그때 이런 질문을 던졌던 것 같다. "애가 이거 나중에 기억이나 할까?" 결론은 성인이 되어서까지 지금 일을 정확히는 기억 못 하겠지만 지금 이 순간이 유치원까지는 기억날 거고 또 유치원 때 경험했던 건 초등학교 때까지는 기억날 거고 그리고 그렇게 중학교 고등학교까지 순간순간이 유기적으로 연결되어 나중까지 부모와의 좋은 기억으로 이어지는 게 아닐까라는 것이었다. 물론 꼭 나중에 티내려고 아이한테 잘해주는 건 아니겠지만.

초등학생이 된 딸

어쨌거나 시간은 흐르고 흘러 역사적인 초등학교 입학식 날. 입학식에 참여하고자 회사에 오전 반차를 내고 학교에 가게 되었다. 아끼는 빨간 코트를 입은 딸아이의 손을 잡고 처음으로 학교까지 걸어가다 보니 그전엔 몰랐지만 새삼스레 마음에 걸리는 구석이 한두 군데가 아니었다. 학교까지 가는 길이 왜 그리 멀기만 한지, 여기저기 불법주차 해놓은 차들은 왜 그리 많은지, 학교 앞 언덕길은 왜 그리 높기만 한지...

15분쯤 걸어 드디어 학교 도착. '학교'라는 장소를 정말 오랜만에 와보는 터라 감회가 남다를 수밖에 없었는데 가장 놀라웠던 건 예상보다 학교의 모습이 예전과 크게 다르지 않다는 것이었다. 아빠가 그 시절 그랬던 것처럼 이렇게 네모나게 생긴 교실에서 공부도 하고 기다란 복도에서 친구들과 함께 다니기도 하고 넓은 운동장에서 뛰어 놀기도 하겠구나 싶었다. 아무튼 선생님과 인사도 나누고 교실 구경도 하고 입학식도 치르고 학교 이곳저곳도 한 바퀴 돌아보고 기념사진도 찍고... 그렇게 드디어 우리 딸은 공식적으로 초등학생이 되었다. 당연히 나는 공식적으로 학부모가 되었다.

초등학생이 된 자녀를 둔 부모가 꼭 알아둘 것들

아이를 키우면서 이전과는 상황이 크게 달라지는 시기, 예를 들면 백일이랄지 돌이랄지 이른바 변화의 순간들이 있는데 초등학교 입학도 그런 순간 중에 하나라고 할 수 있을 것이다. 하여 제도권 사회의 첫 관문이라고 할 수 있는 초등학교에 입학 즈음에 부모가 알아 두었으면 하는 이야기를 몇 가지 해보고자 한다.

우선 **엄마 손이 무척 많이 필요한 시기**라고 할 수 있다. 오죽하면 출산 이후에 직장을 다니는 엄마들이 가장 육아휴직을 많이 쓰는 시기가 초등학교 입학 무렵이라고 하겠는가? A급 스타 고소영 씨도 참여했다는 녹색어머니회 활동서부터 매일매일 체크해야 하는 수업 준비물, 놓치면 큰일 나는 스쿨버스 시간 등등 엄마가 챙겨야 할 것들이 정말 한두 가지가 아니었다. 게다가 학교 어플을 통해서 안내사항들은 뭐 그렇게 많이 날아오는지. 안 그래도 아이가 처음 다니는 학교라 정신적으로 육체적으로 신경 써야 할 게 많은 상황에서 엄마가 더더욱 정신을 똑바로 차려야 소위 말하는 '빵꾸'가 안 날 것만 같았다.

어지간하면 나는 집안일 특히나 육아 문제는 아내에게 떠넘기는 스타일은 아니다. 그러나 아이가 초등학교에 입학하고 나서는 학교 관련 일이라면 어쩐지 자신이 없어 쓱 뒤로 빠지는 경우도 많게 되었다. 공식적이지는 않지만 단톡방 등을 통해서 오가는 학교나 친구들에 관한 대화를 유심히 보다 보면 디테일한 엄마의 눈을 통해야만 캐치할 수 있는 세세한 정보들과 미묘한 뉘앙스들이 있는 것 같았다. 둔한 아빠들에겐 버거운 영역이라 생각되었다. 엄마가 위대한 이유가 한두 가지가 아니겠지만 이 시기는 특히 갓난아기 때와 같이 엄마의 위대한 활약이 절실하다고 생각된다. 적어도 우리 집은 그랬다.

그리고 초등학교 때는 이전까지와는 다른 **새로운 친구들이 생기는 시기**이다. 어쩌면 당연한 일이다. 그동안의 활동 반경에서는 접할 수 없었던 친구들과 같은 공간에서 긴 시간 생활하게 되니까. 우리 딸아이는 다양한 친구를 사귄다기보다 한두 친구한테 마음을 주는 타입인데 유치원 때 친하게 지냈던 단짝 친구가 멀리 이사를 가는 바람에 풀이 죽어 있을 때가 많았다.

그런 모습이 안쓰러워 나도 딸아이도 학교 가서 좋은 친구를 만났으면 좋겠다는 것이 큰 바람이 있었는데 입학한 지 얼마 되지 않아 다행히 한 친구를 사귀게 되었다. 하루는 주말에 친구 부모님께 허락을 받고 우리 집에 그 친구를 초대하기로 했다. 주말이면 아빠랑 노는 게 최고라고 했는데 친구가 온다고 하니 펄쩍펄쩍 뛰면서까지 좋아하는 우리 딸. 약간의 배신감이 느껴졌지만 언제나 을의 입장인 아빠가 뭘 어쩌겠는가?

친구가 집에 오자마자 자기 방으로 조르륵 데려가더니 함께 장난감을 갖고 노는데 뭐하고 노는지 궁금하기도 하고 괜히 말도 걸어보고 친한 척도 하고 싶었지만 꾹 참았다. 눈치 없는 아빠가 되기 싫었으므로. 지금도 이럴진대 하물며 나중에 청소년이 되어 이성 친구가 집에 놀러 온다면? 머리가 아찔해진다. 아무튼 내가 할 수 있는 건 그저 평소보다 밥을 더 정성스럽게 볶고 비엔나소시지를 문어 모양으로 구워 예쁜 접시에 담아내는 정도였다. 딸아이의 첫 번째 초등학생 친구라고 하니 더욱 신경이 쓰였다. 평생 갈지도 모르는 친구니까. 하지만 안타깝게도 한동안 친하게 지내던 그 친구도 아빠의 직장 때문에 멀리 이사를 가버리고 말았다. 불쌍한 우리 딸. 하지만 요즘은 또 새 학년을 맞아 새로운 친구를 사귀고 있는 모양이다. 그렇게 크는 거지 뭐.

초등학생 시기는 또 섭섭하리만치 **훌쩍 크는 시기**이기도 하다. 몸은 물론이고 정신연령도 한 차원 높아지는 것 같다. 아무래도 새로운 곳에서 다양한 사람을 만나고 폭 넓은 경험을 하다 보니 그런 것이라 생각된다. 선배들의 말을 들어보면 1학년까지만 해도 안 그러던 아이들이 2학년을 지나면서부터는 슬슬 아빠한테 와서 안기고 애교 부리는 경우가 점차 드물어진다고 했다. 고학년이 되면 문 딱 닫고 들어가서 아는 체도 안 하는 경우가 대부분이고. 다행히 현재 3학년인 우리 딸은 아직까지 잘 버티고 있긴 하지만.

이밖에도 초등학생이 되면서 생기는 변화들은 한두 가지가 아니다. 다니는 학원의 개수도 급격히 늘어나고 학년이 올라갈수록 공부의 수준이 아빠도 따라가기 벅찰 만큼 높아지기도 한다. 게다가 돈 들어갈 구석은 왜 그리도 많은지.

비단 초등학교뿐 아니라 중학교, 고등학교, 대학교 심지어 사회에 나가고 나서도 매 시기마다 이러한 변화의 순간들은 찾아올 것이다. 언제까지 부모가 쫓아다니면서 챙겨줄 수 없으니 아이 스스로 이러한 변화를 헤쳐 나갈 수 있는 힘을 키워주는 게 중요하단 생각이 든다. 자식의 직장 상사에게 전화를 걸어 우리 애가 오늘 컨디션이 안 좋으니 하루 쉬겠다고 대신 전하는 부모가 되지 않으려면 어쩔 수 없다.

끝으로 조금 과장을 보태 내일모레면 중학생이 될 딸아이에게 당부 한마디.

딸아!
괜히 친구들 따라 아빠 멀리하지 말고
우리는 오래도록 친하게 지내자꾸나.
많이 귀찮게 하지는 않을게!

나는
나쁜 아빠입니다

아이를 키우다 보면 감정을 컨트롤하지 못하고 크게 화를 내며 혼내는 경우가 어쩔 수 없이 생기게 된다. 나에게도 몇 번 그런 기억이 있다.

첫 번째 기억은 아이가 두 살쯤 됐을 때, 지금 생각하면 그 조그마한 아이가 뭘 아나 싶긴 하지만, 시간이 늦어 얼른 자야 해서 그전에 목욕을 하러 욕실에 들어가야 하는데 아이가 그날따라 유독 안 들어간다며 한사코 거부하는 거였다. 근데 그 거부와 울음이 평소답지 않게 좀 과하다는 생각이 들었다. 한참을 실랑이를 하다 아빠인 나도 슬슬 짜증이 차오를 무렵. 목욕하러 가자고 내가 손을 잡아끄는데 아이가 내 손을 탁! 쳐내는 것이다. 그때 내 딴에는 선을 넘었다고 생각했나 보다. 두 살 아이에게 선이 어디 있다고. 너무 화가 나서 나도 아이의 손등을 어른이 맞아도 아플 정도로 세게 때렸다. "누가 아빠 손을 때리래!" 뭐 이런 말을 하면서 그랬던 것 같다. 순간 너무 놀란 아이는 울지도 못하고 잠시 멍하니 있다가 이내 와~ 하고 울음을 터뜨리고. 그 뒤는 어떻게 마무리되었는지 정확히는 기억이 안 나지만 내가 손등을 때리고 아이가 놀라 우는 장면만은 동영상을 촬영해 놓은 것처럼 생생하게 기억난다.

두 번째는 네다섯 살 무렵이었는데, 아내는 다른 볼 일이 있어 아이와 함께 둘이 부모님 댁을 찾아갔었다. 그날따라 이유 없이 아니 이유를 알 수 없이 아이가 짜증을 엄청나게 부렸다. 보통의 경우가 그렇듯이 딸아이도 무슨 일이든 오냐오냐 하는 할아버지, 할머니 덕분에 믿는 구석이 있어서 그랬을 수도 있다. 그런 손녀 앞에서 할머니는 안절부절 모드로 무작정 비위를 맞추며 달래기만 하고 있었다.

그런데 아이가 갑자기 앞에 있던 물건을 집더니 할머니 앞쪽 바닥으로 팍 던지는 거였다. 와... 다른 건 몰라도 어른한테 싸가지 없게 하는 건 참을 수가 없었다. 또 폭발을 해버렸다. 이때는 때리지는 않았지만 아이를 방으로 끌고 가 완전 샤우팅으로 한참을 소리를 질렀던 것 같다. 할아버지와 할머니도 놀라서 이제 그만하라고 말리셨을 정도로. 사건이 일단락되고 나는 화가 가라앉지 않아 한참을 씩씩거리고 있는데 아이는 할머니가 몇 번 달래주니 금세 무슨 일이 있었냐는 표정으로 해맑게 웃으면서 돌아다녔다. 내가 저렇게 아무것도 모르는 애한테 도대체 왜 그렇게 고함을 친 건가 싶었다.

또 다시 터진 사건

몇 년이 지나고 최근 새로운 사건이 또 생겼다. 딸아이가 점차 학년이 올라가면서 부쩍 공부할 양이 많아졌다. 아마도 대부분의 집에서 비슷한 대화가 오갈 것으로 예상은 되지만 내가 아내에게 아직 초등학생밖에 안됐는데 공부 너무 많이 시키는 거 아니냐 또는 학원을 너무 많이 보내는 거 아니냐고 물으면 아내는 곧장 이렇게 대답한다.

"우리는 딴 집에 비하면 시키는 것도 아니야!"

육아에 있어 다른 면에서는 적극 참여한다고 자신하지만 공부 쪽에서는 자의 반 타의 반으로 가급적 관여하지 않으려는 편이다. 굿 캅, 배드 캅 차원에서 아빠는 늘 놀아주고 달래주고 편을 들어주는 등 좋고 즐거운 쪽으로 이미지를 가져갔으면 좋겠다는 것이 아내의 생각이었고 나도 흔쾌히 동의했다. 그래서 인지 즐거움의 영역과는 거리가 먼 공부에 있어서는 가급적 개입을 안 하려고 했는데 요즘 들어 아내와 아이가 공부할 일이 많아지면서 잦은 트러블이 생기는 거다.

패턴은 보통 이렇다. 처음에는 얌전히 공부하다가 아이가 문제를 틀리면 아내는 잘 기억해두었다가 다음부터 틀리지 말라고 얘기를 한다. 약간은 엄한 말투로. 유독 자신의 잘못을 인정하기 싫어하는 성격인 딸아이는 자기는 진짜 안 틀리려고 열심히 했는데 억울하다면서 슬슬 짜증 발동 시작. 그러면 엄마의 목소리는 점점 높아지고 그때부터 발을 동동 구르면서 왜 엄마 말만 맞고 자기 말은 맨날 틀렸다고 하냐며 생떼를 부리며 소리 지르고 우기기를 반복. 그러다 결국 울음이 왕 터지고... 이 패턴이 자꾸 반복되다 보니 아내와 아이 모두 엄청난 스트레스를 받는 것 같았다.

나는 뭐 얼마나 대단하게 공부를 시키려고 벌써 애한테 그러느냐, 그러다가 애가 공부 자체에 대해 흥미를 잃을 수도 있다고 아내에게 질책 아닌 질책을 하게 되고. 아내는 나의 그 말 때문에 또 기분이 상해 부부 사이에서도 잦은 말다툼이 있을 정도였다. 아무리 굿 캅이지만 나도 그런 상황을 늘 웃으면서 넘길 수는 없는데...

그러던 어느 날 사건이 일어나고야 만 것이다.

난 퇴근해서 거실에 앉아 있었고 방에서 아내와 아이가 공부를 하다가 역시나 비슷한 패턴으로 싸움이 일어나게 되었다. 근데 나도 그동안 쌓여 있던 게 있어서 그런지 유독 그날은 그 상황을 참을 수가 없었다. 그래서 결국 폭발. 울고불고하던 아이를 거실로 불러내서 왜 그러느냐며 다그치는데 평소 좋게만 대하던 아빠가 별안간 소리를 지르니 아이는 겁을 먹어 그런지 더 세게 울기 시작. 급기야 속상함의 표시로 발로 바닥을 쿵쿵 찍는 거였다.

그게 왜 그렇게 버릇없게 느껴졌던지. 나름 변명을 하자면 내 아이의 '싸가지' 없는 행동은 참고 넘어갈 수가 없었다. 그래서 두 발을 모으게 한 다음에 내 발로 아이의 발을 꽉 눌러버렸다. 가만히 누르고 있었던 것도 아니고 "발 하지 마! 하지 마!" 하면서 내 발로 아이의 발을 있는 힘껏 밟았다. 내 손바닥 크기도 안 되는 발을 무지막지한 발로 밟다니. 하지만 다행히 몇 번의 경험을 통해 깨달은 바가 있어 곧 감정을 추스르고 더 이상의 폭주는 하지 않았다. 조곤조곤 알아듣게 설명하였고 아이도 얼추 알아들은 것 같았다. 곧장 아이에게 미안하다고 사과하며 안아 주었고 아이에게 엄마도 너 때문에 상처 받았을 수 있으니 가서 사과하자고 했다. 결국 세 식구의 찐한 포옹으로 마무리.

아이의 행동 문제는 100% 부모 탓

그날 밤 왜 아이가 자꾸 짜증을 내는 건지 아내와 얘기해 보았다. 아이가 낮에는 엄마랑 공부를 잘하는데 이상하게 저녁만 되면 짜증을 부린다는 것이다. 곰곰 생각해보니 '저녁만 되면'이 아니라 '아빠만 오면'인 것 같았다. 아빠는 주로 같이 노는 존재이기 때문에 아빠만 오면 공부는 뒷전이고 자꾸 놀고 싶은 생각이 드는 것이다. 축구를 좋아하는 고등학생인데 시험 전날 밤 손흥민

축구 경기가 방영되는 것과 비슷한 상황이라고나 할까? 책이 눈에 들어올 리 없잖은가. 아이한테 집중력만을 요구할 수는 없으니, 그렇다고 아빠가 매일 늦게 올 수도 없으니 아빠 오기 전에 무조건 공부는 끝내는 걸로 일단락 지었다. 이 약속이 얼마나 지켜질지는 모르지만.

아무튼 아이가 잠든 후 아내와 이런저런 얘기를 하는데 아까 했던 행동에 대한 죄책감이 밀려들기 시작했다. 무용하는 아이인데 그렇게 했다가 발을 다치기라도 했으면 어쩌나부터 해서 아이가 얼마나 놀랐을까, 아빠라는 사람이 그것도 못 참고 아이에게 무지막지한 폭력을 행사하다니... 한 연구 결과에 따르면 아이의 뇌 발달에 끼치는 영향을 봤을 때 체벌과 폭력이 다를 바가 없었다고 한다. 사랑의 매라고 포장된 체벌도 아이 입장에서는 일종의 학대라는 얘기다.

얼마 전에도 비슷한 일이 있었는데 아이가 또 공부 때문에 울고 소리치고 우기기를 반복해서 내가 안 되겠다 싶어서 아이의 팔을 확 잡아끌고 방으로 들어와서 혼낸 적이 있었다. 그때는 이성을 잃을 정도는 아니었고 딴에는 훈육이라고 여겼기에 심하게 하지는 않았다고 생각했다. 잠시 후 이 정도면 알아들었겠지 해서 곧바로 화내서 미안하다고 하고 아이를 무릎에 앉혔는데... 아이를 안아서 앉히려다 가슴에 손이 우연히 닿았는데 그 조그만 심장이 미친 듯이 팔딱팔딱 뛰고 있는 게 아닌가. 얼마나 무서웠던 걸까. 아이의 심장이 뛰는 걸 내 손으로 직접 느끼니 죄책감은 배가되었다. 이 글을 읽는 아빠들 아이를 혼내는 도중 주체할 수 없을 정도로 화가 난다 싶으면 아이의 가슴에 손을 얹어보기를 권한다. 아이가 느끼는 공포감이 오롯이 전해져 이성을 찾는 데 큰 도움을 줄 것이다.

나름 수위 조절을 한다고 했는데 아이한테는 그 상황 자체가 공포였던 것이었다. 아... 또 밀려오는 죄책감과 후회. 난 진짜 나쁜 아빠라는 한심한 아빠라는 자책감. 겉으로만 맨날 좋은 아빠 코스프레하고 다니는데 나도 결국은 좋은 아빠인 척을 하고 싶은 거였구나. 더 가슴 아프고 미안한 건 아이가 그렇게 한 후에도 잠시 후 웃으며 아빠에게 폭 안겨서 침대로 갔다는 것이다. 아이가 무슨 죄가 있다고. 결국 아이의 행동 문제는 100% 부모 탓이라고 하지 않았던가.

감정에 휘둘린 훈육은 폭력이다

어머니가 말씀해주신 훈육에 관한 이야기로 마무리해볼까 한다. 나와 7살 차이가 나는 큰누나가 대여섯 살 무렵. 그러니까 나는 태어나기도 전에 있었던 일. 첫째 딸이 하도 말을 안 듣고 고집을 부려서 어두컴컴한 광(예전에는 집안 창고 같은 공간을 이렇게 불렀다)으로 끌고 가서 한참을 모질게 혼을 내셨다고 한다. 안 그래도 다른 일 때문에 스트레스를 받는 상황이었는데 아이까지 그러니 더 화가 나셨다는 건데... 그런데 그전까지는 되게 활달하고 명랑한 아이였는데 아무래도 그때 이후로 성격이 내성적으로 변한 거 같다며 지금까지 마음에 걸린다는 말씀을 하셨다. 내성적인 성격이 무조건 나쁜 것도 아니고, 누나가 절대적으로 내성적이다 할 수도 없는 것이고, 실제로 그 사건이 누나의 성격에 영향을 미쳤는지 안 미쳤는지는 알 수는 없지만, 40년이 넘도록 어머니의 마음엔 그 사건이 생채기로 남아 있는 거였다. 그래 봐야 고작 서른도 안 된 애엄마가 얼마나 고민하고 얼마나 후회했을까?

'자식을 키운다는 게, 부모가 된다는 게 정말 쉬운 일이 아니구나.' 날이 갈수록 이런 생각을 할 때가 많아진다. 육아의 대가 오은영 원장님께서는 '욱해서 훈육해도, 훈육하다 욱해도 폭력이다'라는 말씀을 하셨다. 백 번 지당한 말씀이다. 머리로는 100% 이해한다. 근데 실제 아이를 키울 때 적용이 잘 안되어 괴롭기만 하다. 냉정과 이성을 찾으려고 해도 마음대로 되질 않는다. 그렇다고 아예 신경 끄고 무조건 아이가 하자는 대로 해서 내 자식이 예의범절도 모르고 자신의 잘못도 모르는 안하무인한 인간이 되게 할 수는 없잖은가. 이 양극단에서 '절충안'이란 게 있는 걸까? 이런 고민을 거듭하다 든 생각. 사랑의 매라는 말이 있지만 난 인격수양이 부족해 이 매는 오직 사랑해서 때리는 거라고 당당하게 말할 자신이 없다. 그냥 내 감정을 참지 못해 폭발해서 손을 드는 것 같기 때문이다. 그래서 사랑이든 뭐든 매는 아예 생각조차 안 하려고 한다.

머지않아 또 어길 것 같아 불안하지만 역시나 오늘도 이런 다짐을 해본다.

감정에 휘둘리지 않고 아이를 사랑만으로 대하겠노라고.
잘못을 했더라도 화내지 않고 차분하게 이성적으로 가르치겠노라고.
몇 십 년 동안 마음에 담아둘 행동은 절대 하지 않겠노라고.

"아빠가 미안해, 정말 미안해. 앞으로는 안 그럴게. 사랑해!"

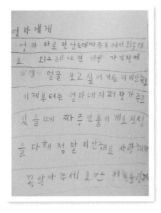

설날 특집 프로그램에 출연하다

당연한 얘기겠지만 20년 넘게 PD 생활을 하다 보니 TV 프로그램 촬영이나 출연에 대해서 신기함이나 설렘을 느끼는 경우는 흔치 않다. 방송국 가는 게 신기할 일은 더더욱 있을 수 없을 테고. 매일 출근하던 자기 회사에 가면서 '아~ 신기하다-' 이럴 사람은 없을 거니까. 그런데 딸아이 덕분에 그런 특별한 경험을 하게 되었다. 지금부터 우리 가족에게 오래 기억에 남을 만한 이벤트, 딸아이의 TV 출연 이야기를 해보고자 한다.

KBS에 출연한 딸

작년 초 딸아이가 다니는 무용학원에 KBS TV 프로그램 제작진으로부터 섭외 요청이 왔다고 했다. 으레 명절이면 흔히 볼 수 있는, 연예인과 가족들이 나와서 노래(동요) 경연을 하는 콘셉트에 설날 특집 프로그램이었는데 무용을 하는 아이들이 중간에 나와 군무로 축하 무대를 꾸며야 하는 모양이었다. 학원에서 15명 정도의 아이들을 선발했는데 그중에 하나로 우리 딸아이가 뽑힌 것이다.

취미반을 거쳐 본격적으로 무용을 시작한 지 얼마 되지 않았던 때였고 그때까지는 무용 콩쿠르에도 한 번 나가보지 않았던지라 무대 경험은 아예 제로라고 봐야 할 정도였다. 근데 첫 무대가 TV 프로그램이라니! 그것도 공영방송 KBS 라니!! 며칠 전부터 자기 혼자 틀리면 어떡하냐고 걱정하는 딸아이 앞에서 아빠가 PD라 잘 아는데 그거 아무것도 아니라며 걱정할 거 하나도 없다고 괜한 허세를 더해 얘기는 해줬지만 정작 내가 긴장되어서 어쩔 줄 모를 지경이었다. 연예인과 스태프들이 잔뜩 있고 카메라가 몇 대씩 돌아가고 있는데 만일 우리 딸아이가 실수를 해서 다시 녹화를 해야 하는 경우가 생긴다면? 아니 한 번이야 그렇다 치지만 계속 NG를 내고 급기야 제작진이 너는 안 되겠다며 우리 딸만 빠지게 되고 아이는 울며불며 뛰어나오고... 괜히 TV 출연한답시고 아이에게 평생 상처로 남을 안 좋은 기억을 심어주는 게 아닌가 하는 별의별 방정맞은 생각들이 들었다.

시간은 속절없이 따박따박 흘러갔고 드디어 녹화 당일인 토요일 아침이 되었다. 유명 연예인이 아닌지라 당연히 녹화장에 분장실 및 대기실이 마련되어 있을 리는 만무하고. 아침 일찍 일어나 집에서 헤어 및 의상 등 대부분의 준비를 해서 출발하게 되었다. 배경 음악이 '캉캉'이었던 만큼 나풀거리는 붉은색 치마가 돋보이는 무대 의상에 머리에 커다란 꽃까지 꽂은 화려한 모습이었다. '아, 참 예쁘다. 우리 딸!' 전날부터 평소 집에서 잘 사용하지도 않아 있지도 않은 헤어스프레이와 머리를 고정할 핀을 산답시고 동네를 헤집고 다닌 보람이 있었다.

오전 11시쯤 여의도에 위치한 KBS 별관에 도착. 주차장에 잠시 대기하다가 다른 친구들까지 다 모여 방송국 안으로 입장. 언제나 녹화 날 스튜디오 근처는 수많은 사람들로 분주하기 마련이다. 당연히 알고 있던 사실이지만 어쩐지 그날의 풍경들은 생경하게 느껴지기만 했다. 맨날 보던 건데 뭐가 그리 신기하던지. 그 정신없는 와중에 우연하게도 그날 출연자였던 개그맨 형님 중 한 분과 프로그램을 같이 했던 경험이 있던 터라 오랜만에 만나 반갑게 인사를 나누기도 했다.

한편 아이들은 대기실이나 연습실이 주어지지 않아 서럽게도 방송국 로비 한쪽 구석 맨바닥에서 몸을 풀고 연습을 할 수밖에 없었다. 딱히 점심을 먹을 시간도 주어지지 않아서 매점에서 간단한 주전부리를 사서 틈틈이 먹으며 허기를 채우기도 했다. 그렇게 한참 시간이 지나고...

오후 3시가 다되어 드디어 녹화 시작. 딱히 방청객이 별도로 없던 상황이라 출연자인 아이들이 관객석에 앉아 박수도 치고 환호도 하는 역할을 맡기도 하였다. 나도 역시 관객석에 앉아 녹화를 지켜보게 되었다. 그런데 그때부터 왜 그렇게 시간이 천천히 흘러가던지. 내가 보기엔 크게 틀리지도 않았던 것 같고 별 차이도 없는데 왜 같은 걸 한 번 더 찍자고 하는 건지. 아니 저기 무대 진행 보는 친구와 부조정실에 있는 PD는 왜 저렇게 커뮤니케이션이 굼뜨기만 한지. 어라? 스태프들이 기다리는 사람들 생각은 안 하고 설렁설렁 걸어 다니네, 우리 딸 아침 먹고 나서 지금까지 쫄쫄 굶으며 기다려서 배고플 텐데 등등…

생각에 생각이 꼬리를 물던 그때. 문득, 소위 말하는 현타가 왔다. '아… 나도 늘 저랬겠구나. 내 프로그램에 출연했던 수많은 출연자들과 그 주변 사람들도 나처럼 불만이 많았겠구나. 그런데도 별말 없이 촬영에 임해준 거였겠구나.' 그때부터 반성 모드로 잠자코 보기로 결심. 여러 무대가 지나가고 드디어 우리 딸이 등장할 차례가 되었다.

두근두근

무대 구성은 개그맨의 코믹 지휘에 맞춰 아이들이 캉캉 춤을 추는 것이었다. 드디어 음악이 시작되고 손짓하나 발짓하나 한 동작 한 동작 표정까지 초집중을 해서 보았다. 그런데 그동안의 걱정이 무색할 만큼 기특하게도 우리 딸을 비롯해서 다들 어쩜 그렇게 한 번도 틀리지 않고 잘 해내던지.

결과는 한 방에 대성공!
(물론 지휘 역할을 맡은 개그맨 분의 요청으로 흔히 녹화장에서 얘기하는 '지금 것도

괜찮았는데 한 번만 더 가보면 안 될까요?'가 현실이 되긴 했지만.)

후련한 표정으로 내려온 아이에게 물어보니 너무 긴장되었지만 연습했던 대로 그리고 언니들 리드에 맞춰하다 보니 어렵지 않게 할 수 있었다고 했다. 역시 김연아가 그랬듯이 손흥민이 그랬듯이 성공의 비결은 꾸준한 연습뿐이었다. 기특한 것!

하지만 우리 순서가 끝났다고 바로 녹화장을 나와 집으로 돌아갈 수는 없는 노릇. 그로부터 한참 동안을 모든 순서가 끝날 때까지 관객석에 앉아서 지켜봐야만 했다. 그렇게 모든 녹화가 끝나고 보니 시간은 저녁 7시. 약 8시간을 끼니도 못 챙겨 먹고 녹화를 한 것이었다. 이런 날은 원래 짜장면을 먹어야 되는 법. 근처에 있던 여의도 맛집으로 소문난 중국집에서 식사를 하며 뜻깊은 하루를 마무리하였다.

얼마 후 설날 아침, 딸아이가 나온 프로그램이 방송되었다. 온 가족이 둘러앉아 보는데, 아! 무대에선 우리 딸만 보였는데 왜 그렇게 컷을 안 잡아주던지!

우리 딸 얼굴이 그렇게 잠깐 그렇게 조그맣게만 나와야만 했는지. 안 그러기로 했지만 얼굴도 모를 PD가 괜히 원망스럽게 느껴졌다. 물론 고슴도치 아빠의 철없는 투정에 불과했지만. 아무튼 딸아이 덕분에 오랫동안 간직할 수 있을 것만 같은 즐거운 추억을 갖게 되었다. 그리고 PD로서의 나의 인생도 돌아보게 되었다.

끝으로 그동안 의도치 않았던 저의 실수나 부주의 때문에 피해를 보셨을 출연자, 스태프 그리고 나아가 시청자 분들 정말 죄송합니다. 입장 바꿔 생각을 해보니 이런 것이었더군요. 앞으로 하나하나 세심하게 최선을 다해서 프로그램을 만들도록 하겠습니다!

내 딸의 결혼

결혼을 하고 신혼여행을 다녀오자마자 옛날 다니던 직장의 상사 분이시기도 했던 주례 선생님께 인사를 드리러 갔었다. 그 자리에서 결혼 그리고 가족에 관한 여러 가지 말씀을 들었는데 그중에서도 이 말이 오래도록 기억에 남았다.

"밖에 일을 안으로 갖고 오지 말고, 안에 일을 밖으로 가져가지 말아야 해."

쉬운 것 같지만 참으로 어려운 말. 회사에서 있었던 일 때문에 퇴근하고 나서까지 가족들에게 좋지 않은 영향을 끼쳐서는 안 된다는 말씀일 것이다. 반대의 경우도 마찬가지일 것이고. 그나저나 10년 동안 난 그 말씀을 잘 지키고 살았을까?

행복한 고백

월급쟁이로서 비일비재한 경우지만 얼마 전 회사에서 무척이나 스트레스를 받는 일이 있었다. 퇴근하고 나서도 문제가 해결이 안 돼 전화기를 붙잡고 수습하느라 정신이 없을 정도였다. 그러다 보니 가족들 앞에서도 표정 관리가 잘 안 되었다. 게다가 하필 그날은 한참 전부터 아내와 딸아이가 꼭 가보고 싶다는 식당을 가기로 한 날이었다. 회사 일 때문에 약속을 깰 수는 없어서 일단 식당을 가서 자리를 잡고 앉긴 했는데 계속되는 업무 관련 전화를 받느라 왔다 갔다 하다 보니 딸아이가 아빠의 눈치를 보는 게 느껴졌다. 내가 자리에 앉아서도 계속 인상을 쓰고 있으니 밥 먹을 때 쌈도 싸주고 괜히 웃긴 표정도 지어주고 하는 딸아이가 그 심각한 와중에도 무척이나 기특하게 느껴졌다. 하지만 내 표정이 그다지 풀리지는 않았나 보다. 집에 와서 아내에게 들어보니 내가 밖에 잠시 전화를 받으러 나간 사이 아이는 자기가 애교를 부려도 아빠의 표정이 풀리지 않아 엄청난 실망감을 토로했단다. 미안했다.

이튿날 미안한 마음에 퇴근 후 학원 앞까지 마중을 가서 기다리다가 끝나고 나온 딸과 함께 둘이 손을 잡고 집으로 돌아오고 있었다. 이런저런 얘기를 하는 와중에 자연스럽게 친구들 얘기가 나왔다. 최근에 학교 반 친구들끼리 "누구랑 누구는 사귄다더라." 이러면서 노는 모양이었다. 3학년이니 그럴 법도 하다 싶었다. 곧이어 궁금증을 못 참고 내가 질문을 던졌다. "너도 혹시 남자친구 있어?" 물었더니 있단다. 충격!! "누구야?" 다시 물었더니 잠시 뜸을 들이다가 "아빠!"라고 하는 게 아닌가. 세상 이렇게 행복한 고백이 있다니.

아빠들이 바라는 최고의 행복

예전에 이런 말을 들은 적이 있다. 남자 나이 50대 후반을 넘어가면 친구들끼리 모여 잘난 체하는 요소 중 모두의 부러움을 가장 크게 사는 것이 하나 있다고 한다. 돈은 얼마나 버는지? 얼마나 건강한지? 아이가 어느 대학에 갔는지? 모두 그럴듯하지만 정답이 아니다. 정답은 바로 '자식과의 관계'라고 한다. 고등학생 이상 자녀가 퇴근하고 들어갔을 때 아는 척이라도 해주면 중간은 가고 아빠랑 말이라도 섞어주면 중상급, 장성한 자녀가 아빠랑 포옹이라도 해주면 그 아빠는 친구들에게 최고로 부러움을 산다는 거다. 어떤 사람은 20살 넘은 딸이 뽀뽀도 해준다고 해서 레전드 취급을 받기도 했단다. 아들만 있는 아버지들은 절대 느낄 수 없는 행복이라고나 할까?

우리 딸 같은 경우엔 열 살이 넘은 아직까지 놀 때, 밥 먹을 때, 씻을 때를 가리지 않고 아빠를 찾는다. 선배들 말을 들어보면 딱 2학년이 고비라고 했다. 그 시기가 지나면 몸에 착착 감기던 딸들이 데면데면해지면서 아빠를 찾는 일이 현저하게 줄어든다고 했다. 그런데 우리 딸은 아직도 아빠가 없으면 못 살 지경이니 10년 동안 열심히 키워온 보상이라 생각하면 기분이 썩 나쁘지 않다.

시간이 한참 흐른 뒤엔 우리 딸아이도 무럭무럭 자라 학교를 졸업하고 직업을 갖고 남자친구도 만나고 급기야는 결혼도 하게 될 것이다. 예전에 아내와 이런 얘길 한 적이 있다. 딸이 사윗감을 처음 집으로 데려오면 어떻게 하겠냐는 질문에 난 조금의 망설임도 없이 뺨부터 후려칠 거라고 대답한 적이 있다. 농담이냐고? 조금은 진심이다. 참고로 아내는 예비사위에게 김장 테스트를 시켜볼 거란다. 어떤 놈일지는 모르지만 한편으로는 가엾기도 하다.

아빠와 딸의 결혼식 놀이

코로나 이후엔 뜸해졌지만 한동안 아이와 함께 결혼식엘 자주 다녔다. 우선 혼자 가면 뻘쭘한 결혼식도 많은데다 아이에겐 결혼식 자체도 이벤트 행사처럼 느껴지는지 재미있어 했고 그래서 잘 따라다니기도 했다. 화려한 의상에 현란한 조명에 노래와 춤도 있고 플래시 팡팡 터지며 사진도 잔뜩 찍고 적당한 농담과 장난까지! 그러고 보면 결혼식이 엔터테인먼트 요소를 두루 갖춘 한 편의 버라이어티 쇼라고 봐도 무방할 것 같다.

지금보다 좀 더 어릴 때는 아빠와 함께 결혼식을 다녀오면 꼭 하는 놀이가 있었다. 바로 결혼식 놀이. 사실 결혼식 놀이라고 해봐야 별거 없다. 어디선가 사온 신부 베일 장식이 달린 머리띠를 쓰고 아빠와 함께 팔짱을 끼고 거실 끝에서부터 반대편 끝까지 "딴딴 다단~" 결혼행진곡에 맞추어 행진을 하는 것이다. 그게 뭐가 그리 재밌는지 한참을 반복해서 행진을 했던 것 같다. 그러고 나서 "두 사람은 평생 사랑할 것을 맹세합니까?" 하면 "네!", "네!" 각자 대답을 하고 다시 반대로 돌아 행진하면 끝. 딸아이가 어려서부터 역할 놀이를 많이 해서 연습이 된 건지 아니면 원래 관찰력이 좋은 건지 다녀온 결혼식에서 봤던 상황이나 행동, 말 등을 기억해뒀다가 집에 와서 아빠랑 결혼식 놀이를 할 때 그대로 적용하는 적도 많았다.

최근에는 결혼식엘 가게 되면 결혼한 지 얼마나 됐다고 벌써부터 신랑, 신부
가 아닌 부모에게 감정 이입이 된다. 당연하게도 특히 신부의 부모에게. 나이
듦에 따른 호르몬 변화 탓인지는 몰라도 신부가 아버지의 손을 잡고 입장할
때나 결혼식 도중 부모님께 인사를 할 때 괜스레 눈물이 나오려는 것을 참으
려고 했던 적이 한두 번이 아니다. 하지만 어쩌겠는가? 그것이 인생인 것을.

끝으로 딸아이가 늘 하는 말을 소개하며 마무리하고자 한다. 자기는 나중에
커서 결혼을 하면 꼭 엄마 아빠 가까운 곳에서 살 거라고 했다. 남다른 효심이
라 생각했지만 사실은 자기 애를 봐줘야 하니까 엄마 아빠가 있어야 한단다.
특히 아빠는 자기의 경험에 따르면 애를 잘 보니까 꼭 필요하다고 했다. 강아
지도 키울 건데 밥 주고 산책시키는 것도 아빠의 몫이란다. 나이 들어서도 딸
옆에 살 수 있으니 좋아해야 하는 건가? 이래저래 활기찬 노년을 맞이할 생각
을 하니 벌써부터 가슴이 벅차오른다. 고맙다 딸!

산타할아버지는
알고 계신대

20대 아니 30대 초반까지만 해도 매년 크리스마스 시즌이 되면 12월 24일에 도대체 누구를 만나 뭘 해야 하나 하는 고민을 엄청 심각하게 했던 것 같다. 마땅한 계획이 없어 이도 저도 안 될 바엔 차라리 23일 밤에 잔뜩 과음을 해서 24일은 하루 종일 숙취로 시달리며 자다 깨다 하다 보면 어느새 25일이 되어 있을 거라는 시시껄렁한 농담을 했던 것도 같다.

아직도 풀리지 않는 궁금증은 도대체 왜 크리스마스만 유독 당일인 25일보다 전날인 24일을 '이브'라는 이름까지 붙여가면서 대우해주는지 모르겠다는 거다. 부처님 오신 날 전날부터 막 설레고 들뜨고 그러지는 않으니까. 어쩐지 '이브'라는 이름이 붙으니 괜히 더 기다려지고 낭만적으로 느껴지는 것 같기도 하다. 겨울이라 그런가? 눈이 내려서 그런가? 연말이라 괜히 뒤숭숭해서 그런가? 지극히 주관적인 의견이지만 25일 아침이 되면 분위기가 탁 깨지면서 그해 크리스마스는 이미 끝난 거 같은 느낌도 들었다.

결혼을 하고 아이가 생기고 나면 여러 가지 장점이 많이 있겠지만 위와 같은 쓸데없는 고민들이 싹 사라지게 된다는 장점도 있다. 크리스마스에 또는 크리스마스이브에 누구와 뭘 할지 고민하지 않아도 된다는 것이다. 당연히 가족과 함께 지내야 하니까. 하기야 원래 크리스마스라는 게 원래 밖에서 흥청망

청 부어라 마셔라 하는 날이 아닌 가족들끼리 조용하게 보내는 날인 게 맞기
도 하고.

아이와 함께 하는 크리스마스

우리 집의 크리스마스 시즌 풍경을 살펴보면 우선 한 달 전쯤부터 조그마한 크
리스마스트리 만들기가 시작된다. 고백하건대 결혼하기 전까지는 집에서 크리
스마스트리를 만들어본 적이 단 한 번도 없었다. 그런 트리는 미국 아니면 유
럽 사람들이나 만드는 건 줄 알고 있었다. 그런데 아이가 태어나니 자연스럽게
매년 거실에 트리를 놓게 되고 아이와 함께 트리를 꾸미는 시간이 더없이 소중
하게 느껴지기도 한다. 가능하면 트리에 장식을 달 때는 잔소리를 안 보태려고
한다. 어른의 눈으로 보기에는 조금 삐딱하고 이상하게 보여도 아이 손으로 오
롯이 만든 트리가 더욱 뜻깊다고 생각이 들기 때문이다. 그런데 이상하게도 트
리를 만드는 건 즐거운데 치우는 건 왜 그리도 귀찮은지 모르겠다. 우리도 꼭
다음 해 설쯤은 되어야 어쩔 수 없이 트리를 치웠던 것 같다.

아이가 갓난아기 때를 지나고 서너 살쯤 되면서 어느 정도 대화가 통하고 갖고 싶은 장난감이 생기기 시작할 무렵부터는 크리스마스의 가장 큰 이슈가 '어떤 크리스마스 선물로 아이를 기쁘게 해 줄 것인가'였다. 또한 '어떻게 몰래 들키지 않고 산타할아버지가 선물을 주신 것처럼 꾸밀까'도 중요했다. 한 달 전쯤부터 자연스럽게 뭐가 갖고 싶은지 물어봤다가 며칠 전 미리 사놓은 다음 이브 날 밤에 아이가 잠들면 거실 크리스마스트리 앞에 선물을 놓아두는 거다.

백화점이나 마트 같은 곳에서 살 때면 아이가 물건을 사는 걸 눈치 못 채게 괜히 아빠가 다른 데로 데리고 가서 시선을 돌린 다음 엄마가 몰래 결제하는, 마치 첩보 작전의 한 장면처럼 사기도 했고 인터넷으로 주문할 때면 혹여나 배달된 택배 상자를 아이가 볼까 싶어 못 보게 숨기려 노력했으며 작년 선물 포장지와 올해 선물 포장지가 혹시나 같아서 아이가 알아챌까 매년 포장지를 새로 사서 포장해주기도 했다. 산타할아버지가 선물과 함께 카드도 주시는데 글씨를 들키지 않기 위해서 아내는 매년 카드를 왼손으로 평소 글씨체와 다르게 적어서 주기도 한다. 이런 하찮은 수고들은 크리스마스 날 아침에 아이가 잠에서 깨 거실에 있는 트리 밑에 놓인 선물을 보고 좋아하는 모습을 보고 나면 싹 잊혔다. 이러한 노력들 덕분인지 우리 딸아이는 아직도 산타할아버지가 크리스마스 선물을 주신다고 굳게 믿고 있다. 당연히 1년 내내 엄마 아빠의 말을 잘 듣는지 산타할아버지가 지켜보신다고 알고 있고.

산타할아버지에 관한 추억

산타할아버지에 관한 추억 한 가지. 대학생 때 아르바이트를 했는데 어떤 인연이나 계기로 시작했는지는 잘 기억이 나진 않지만 산타할아버지 대역 알바를 했었다. 말 그대로 산타 복장을 하고 산타 역할을 하는 일인데, 몸매야 따로 꾸밀 필요가 없이 후덕한 산타할아버지 느낌이 이미 충분했고 거기에 흰 수염과 빨간 의상을 갖추어 입기만 하면 준비 끝.

백화점에서 아이들에게 기념품을 나눠주기도 하고 어린이집이나 유치원을 돌아다니면서 학부모들이 미리 준비한 선물을 건네주기도 했다. 이럴 경우 선물에 아이가 1년 동안 평소에 잘한 것과 못한 것이 부모가 적은 메모로 붙어 있었는데 그 메모를 보면서 아이들에게 할아버지 목소리 흉내를 내며 한 마디씩 했던 게 기억에 남는다. 예를 들어 "우리 ○○이는 엄마 심부름을 아주 잘한다면서? 아주 기특해요. 근데 장난감을 잘 안 치운다지? 내년에도 그러면 산타할아버지가 선물 안 줄 거예요." 이렇게 말하면 애들은 눈이 동그래지며 '도대체 이 할아버지가 그런 디테일한 사실들은 어떻게 알았지?' 하는 경외심 가득한 눈빛을 지어 보인다. 그리고 이내 그러겠노라고 고개를 세차게 끄덕인다. 요즘에도 아마 예전과 비슷한 패턴이 이어지지 않을까 싶다. 재미있었던 건 5~6살까지는 산타의 존재를 믿기에 안아주려고만 해도 무서워서 다가오지 못하거나 왕~ 하고 울음을 터뜨리는 경우가 많은데 7살 아이들만 해도 머리가 커져서 산타의 존재를 믿게 하기가 쉽지 않았다. 어느 아이가 나에게 "산타할아버지! 밑에 청바지 보여요."라는 말을 하는 걸 들었을 때의 당황스러움은 아직도 잊히지 않는다. 그래도 이제껏 해본 아르바이트 중에 가장 기억에 남는 아르바이트였다.

산타할아버지는 있다? 없다?

그나저나 우리 아이는 어쩌다가 이제까지 철썩 같이 산타할아버지의 존재를 믿게 되었을까? 물론 부모가 거짓말과 사기에 능통해서이기도 하겠지만. 한 번은 이런 일도 있었다. 산타할아버지와 사진을 찍은 것 같은 효과를 내는 사진 합성 어플이 있길래 장난삼아서 산타가 우리 집에 왔을 때 찍은 것처럼 사진을 찍고 합성을 해서 크리스마스 아침에 딸아이에게 그 사진을 보여줬다. 어젯밤에 찍은 거라며. 그랬더니 감격스러운 표정으로 "우와! 정말 산타할아버지가 우리 집에 다녀가셨어!!" 이러는 게 아닌가. 어쩐지 괜히 죄책감이 들었지만 나중에 자연스럽게 알게 되겠지 하고 넘어갔었다.

근데 문제는 그 나중이 아직 오지 않았다는 거다. 앞서도 말했지만 초등학교 3학년 현재 우리 딸아이는 아직도 산타할아버지의 존재를 믿고 있다. 둘째, 셋째들은 첫째들의 영향을 받아 일찍 그 비밀을 알아 버린다고 하는데 다행인지 불행인지 우리 딸아이에겐 천기를 누설해줄 언니나 오빠가 없다.

아이에게 언제쯤 산타할아버지의 존재 사실을 알려줘야 하는지 고민하다가 아내와 상의를 해보기도 했다. 혹시나 10년 가까이 거짓말을 해온 부모에게 배신감을 느끼지나 않을까, 이런 불신으로 해서 상처가 남고 부모 자식 간에 신뢰가 깨지면 어쩌나 하는 걱정이 덜컥 든 거다. 그랬더니 아내의 깔끔한 정리.

"어렸을 때 산타 없다는 걸 언제 어떻게 알았는지 기억나?"

"아니."

"그렇게 충격적이었으면 지금도 기억날 거야. 근데 아무렇지도 않은 걸 보면 나중에 산타할아버지가 없다는 걸 알게 되어도 크게 상처가 되지 않는 거 아닐까?"

듣고 보니 그럴듯했다. 주변을 봐도 어렸을 때 부모님이 산타할아버지에 대해 자기에게 거짓말을 해서 그때부터 의절하고 지금도 부모님을 불신하고 있다는 막장 스토리는 들어본 적이 없다. 부모가 나쁜 의도를 갖고 거짓말을 한 것도 아니고 아이 입장에서 봐도 자기를 위한 부모들의 깜짝 이벤트로 느끼겠다 싶었다. 그리고 굳이 아이가 말을 잘 듣게 할 수단이 있는데 그걸 일부러 미리 없애버릴 필요 없다는 현실적인 판단도 들었던 것 같다. 아이가 말을 안 들을 때마다 "너 이렇게 말 안 들으면 산타할아버지한테 선물 주시지 말라고 얘기할 거야!"란 협박이 여전히 꽤나 잘 먹히고 있으니까.

아마도 올 크리스마스 시즌쯤에는 학원을 같이 다니는 언니들을 통해 산타의 존재 유무를 알게 되지 않을까 짐작된다. 그 사실을 알게 되고 난 후 아빠에게 와서 어떻게 10년 동안 자기를 속일 수 있냐고 억울해하면 어떤 리액션을 해 줘야 할까? 아마도 이렇게 얘기하지 않을까 싶다.

"크리스마스 선물을 좀 더 기분 좋게 주기 위해서 엄마 아빠가 깜짝
이벤트 삼아 착한 거짓말을 한 거야. 그동안 산타 할아버지가 준
선물 같아서 너도 좋았잖아. 그러니까 너도 산타할아버지가 없다는 거
다른 동생들한테 먼저 얘기해주면 안 돼. 알았지? 그럼 동생들이 선물을
받는 재미가 없어지잖아."

이 말에 어떻게 반응할지 미지수다. 그냥 한번 부딪쳐 보는 거지 뭐. 어차피 아이를 키우는 매 순간순간이 처음이라 막막했으니까.

그러고 보니 산타할아버지가 진짜 없다고 누가 장담할 수 있겠는가? 살아 보니 꼭 그렇다고 믿었던 것들이 거짓인 적이 한두 번이 아니었으니까. 우리 아빠들도 한 해 동안 착하게 살아보자. 올 크리스마스엔 산타할아버지가 오랜만에 선물을 주실 수도 있을 테니까.

10년 전의
프러포즈를
꺼내어

2010년 10월 10일에 결혼식을 올렸다. 어쩐지 라임을 맞추기 위해 10시에 결혼해야 할 것 같았지만 오전 10시도 밤 10시도 결혼하기엔 적절치 않은 시간이라 포기할 수밖에 없었다. 그렇게 결혼을 하고 10년의 세월이 흘러 2020년, 결혼 10주년이 되었다.

10년 만에 꺼내본 프러포즈 영상

결혼 10주년이 되는 해 어느 주말 저녁. 친한 형네 가족이 우리 집에 놀러 왔다. 그 형의 첫째 딸과 우리 딸이 나이 차이가 많이 나지 않아 가깝게 잘 지내며 노는 사이라 종종 가족끼리 왕래를 하는 편이다. 그날도 우리 집에서 함께 놀다가 저녁을 다 먹고 났을 때쯤 우연히 결혼 프러포즈에 관한 이야기가 나왔다.

먼저 그 형 커플의 프러포즈 이야기. 예비 신부가 (알고 보면 바람잡이였던) 동료와 함께 지하철을 타고 가고 있었는데 멈춰서는 정거장마다 (미리 심어둔 사람이) 한 명씩 꽃을 들고 나타나서 건네줬다는 이야기. 그리고 마지막엔 예비 신랑이 나타나 짜잔! 처음에는 창피했지만 결과적으론 감동적이었단 이야기였다.

겨우 이 정도에 밀릴 수 없었다. 이번엔 우리 커플의 프러포즈 이야기. 우선 며칠 전부터 내가 당시 여자 친구였던 아내에게 친한 개그맨 동생의 공연을 보러 홍대에 가자고 밑밥을 깔아놓았다. 드디어 당일. 미리 빌려둔 홍대 소극장에 도착. 작전대로 관객 하나 없는 극장에 들어가 자리를 잡고 난 후엔 난 잠시 화장실을 다녀오겠다며 퇴장. 그때 갑자기 조명이 꺼지고 내가 미리 편집해둔, 그동안의 데이트 모습을 중심으로 한 프러포즈 영상이 상영되기 시작한다. 영상이 끝나고 나면 불이 켜지고 무대 뒤에서 내가 깜짝 등장. 며칠 동안 싫다는 친구를 끌고 노래방을 다니며 연습한 프러포즈계의 명곡, 이적의 〈다행이다〉를 열창한 후 반지와 꽃다발을 건네며 정식 프러포즈.

이쯤 되면 유치하게 어느 쪽 프러포즈가 더 감동적이며 좋았는지 티격태격할 차례. 그때 비겁하게도 먼저 형네 커플이 프러포즈를 하며 촬영해 놓은 영상을 내밀었다. 지하철에서 촬영된 생생한 현장 상황이 담겨 있었다. 이렇게 물적 증거를 들이밀어 봐야 물론 내 기준에선 영 성에 차지 않았다. 하지만 눈에는 눈. 어디 있더라. 우리 프러포즈도 찍어 놓았었는데...

집 이곳저곳 구석구석을 뒤져 드디어 10년 전에 만들어 놓은 프러포즈 영상 DVD를 찾아냈다. 결혼할 때 찍은 사진이나 비디오는 결혼하고 나면 한 번 꺼내보지도 않는다는 선배들의 말씀을 충실히 이행한 탓에 우리 가족의 경우도 결혼하고 거의 처음으로 꺼내 보는 영상이었다.

너무나 당연한 얘기지만 지금보다 십 년은 젊어 보이는 아내가 소극장에 앉아 있고. 내가 나가고 난 뒤 갑자기 불이 꺼지며 영상이 시작되었다. 놀람은 잠시. 아내는 이내 눈물을 글썽, 아니 펑펑 울기 시작하고 바로 그때 지금보다 백 배는 못생겨 보이는 내가 등장해서 돼지 멱따는 소리로 노래를 부른다.

결국 무릎을 꿇고 반지와 꽃다발을 내밀며 청혼. 누가 봐도 오글거리는 영상이었다.

딸이 준비한 깜짝 이벤트

다들 자동적으로 솟아오른 닭살에 어쩔 줄 몰라 소리를 지르고 난리 치며 반응하고 있던 그때, 어느 샌가 우리 딸아이도 옆에 와서 함께 그 영상을 보고 있었다. 자기가 태어나기도 전 엄마 아빠의 모습이 신기했나 보다. 끝까지 잠자코 지켜보더니 잠시만 기다려 보라고 한다. 그리고 나선 방으로 들어가더니 무엇을 하는지 한참을 뚝딱뚝딱. 5분쯤 지났을까? 방에서 나와서는 엄마 아빠에게 한쪽에 나란히 서보라고 한다.

이때부터 시작되는 상상도 못 할 깜짝 이벤트. 바로 딸아이가 준비한, 10년 만에 펼쳐지는 즉석 리마인드 웨딩이었다. 어릴 때는 딴딴 따단~ 결혼행진곡을 입으로 부르며 아빠랑 결혼식 놀이를 많이 했었는데 이제는 좀 컸다고 엄마와 아빠의 결혼식을 올려 주려고 하는 것이었다.

딸아이의 입장 멘트에 맞춰 아내와 내가 거실을 가로질러 입장을 한다. 그날만은 사회이기도 하고 주례이기도 한 딸. 언제 준비했는지 엄마 아빠가 좋아하는 간식까지 준비해 차려 놓았다. 시키는 대로 간식을 한입씩 먹고 나니 어쩐지 폐백의 한 부분 같은 기분이 들기도 했다.

이번에는 성혼 선언을 할 차례. "두 사람은 부부가 되었음을 선포합니다." 엄숙하고 경건한 주례 선생님의 말씀에 따라 또 한 번 부부가 된 우리. 그리고 다시 주례 선생님의 말씀대로 포옹을 하고 사랑한다는 고백을 주고받고. 이어서 결혼식에서 빠질 수 없는 뽀뽀 타임에 기념 촬영까지 야무지게 진행하는 기특한 우리 딸.

그런데 놀랍게도 아직 끝난 게 아니었다. 리마인드 웨딩에 이은 리마인드 프러포즈가 기다리고 있던 것이었다. 갑자기 딸아이가 아내의 눈을 가리더니 몰래 준비한 모형 꽃을 나에게 주었다. 그리고 엄마에게 주라는 눈짓. 경건한 마음으로 10년 전 그때를 떠올리며 무릎을 꿇었다. 실로 10년 만에 다시 건네 보는 꽃다발과 10년 만에 다시 해보는 프러포즈였다. 그리고 역시 미리 준비한 장난감 반지를 끼우는 것으로 10년 만의 프러포즈가 완성되었다. 그렇게 우리는 기특한 딸 덕분에 결혼식과 프러포즈를 얼떨결에 다시 경험할 수 있었다.

오랜 시간 동안 아빠와 함께 한 역할 놀이 덕분인걸까? 아니면 순간순간 아이의 행동에 대해 적극적으로 반응을 보였기 때문일까? 딸아이의 행동이 마냥 귀엽기도 하면서 한편으로는 자신감 있게 이러한 상황을 연출하며 이끌어 나가는 능력이 조금 놀랍기도 했다. 물론 감동적인 건 당연한 거고! 우리 딸은 도대체 누굴 닮아서 이렇게 사람을 감동시키는 재주도 남다른 걸까. 그 현장을 생생히 지켜보며 촬영하던 형도 보고만 있어도 눈물이 날 것 같다는 소감을 남기기도 했다.

이제 겨우 10년이 흘렀을 뿐이다. 돌이켜 보니 그 사이 아내를 맞았고 세상 가장 소중한 딸이 태어나 무럭무럭 자라고 있으며 세 명의 가족이 오손도손 살고 있다. 물론 가끔 다투기도 하지만. 이 소중한 가족의 행복이 영원히 이어질 수 있도록 내가 할 수 있는 한 최선에 최선을 다해서 노력해보려고 한다. 결혼 20주년 때는 아니 함께 살아갈 매일 매일에 어떤 예상치 못한 이벤트들이 기다리고 있을까? 그런 의미에서 딸과 아내에게 한마디.

"우리 세 식구 앞으로도 잘 살아보자!"

그러고 보니 결혼이라는 거 꽤 해볼 만한 거 같다. 안 했으면 어쩔 뻔!!

Chapter 02
PD 아빠의
리얼 버라이어티 육아

PD 아빠의 예능 육아

CHAPTER	TITLE	PD 아빠의
2		리얼 버라이어티 육아
CATEGORY	놀이, 교육, 행사&이벤트, 도전기, 요리, 일상	
CONTENTS	인형 놀이, 신문 읽기, 주말 농장, 요리하기, etc.	

놀이
웃음의 법칙

아무리 노련한 아빠라도 아이와 막상 놀아주려면 막막할 때가 많다. 어떻게 하면 아이와 재밌게 놀아줄 수 있을까? 여기서 중요한 포인트. 아이는 재밌어 하는데 아빠가 힘들다면 그 놀이는 오래가지 못한다. 마치 한쪽이 일방적으로 좋아하는 연인 관계가 금방 깨지듯이. 세상 모든 이치가 그러하듯이.

그렇다면 질문을 바꿔보자. 어떻게 하면 아빠가 재밌게 놀 수 있을까? 10여 년간의 경험으로 비추어 보아 아빠가 재밌으려면 다른 거 없다. 그저 딸아이가 재밌다는 리액션만 계속해줘도 힘이 난다. 절로 재밌어진다. 연예인들 앞에 동원 방청객이 앉아 있는 이유와 같다고 보면 된다. 아이가 재밌으면 아빠도 재밌다는 거다. 결국 원점.

어떻게 아이를 재미있게 해줄까 고민하다가 직업 정신을 살려 놀이에 코미디의 요소를 가져와 보면 어떨까 하는 생각을 해봤다. 저명한 학자님이 학술적으로 정리해 놓은 것은 아니지만 예능 PD로 살다 보니 사람을 웃기는 데는 일종의 법칙들이 있다는 사실을 알게 되었다. 그런 법칙들을 적용해 놀아 주었더니 실제로 아이가 좋아했다. 그 황금의 비책들을 이 자리에서 하나씩 소개해보고자 한다.

웃음에도 법칙이 있다

우선 첫 번째는 **예열과 반전**이다. 예를 들면 이런 것이다.

> 세 여자가 만나 수다를 떨고 있다. 첫 번째 여자는 이렇게 말한다. 우리 남편은 나를 너무 아 껴서 매일 손수 밥상을 차려줘. 두 번째 여자는 이렇게 말한다. 우리 남편은 나를 너무 아껴 서 내 손에 물 한 방울 안 묻히게 해 줘. 그러자 마지막 여자가 이렇게 말한다. 우리 남편은 나를 너무 아껴서... 내 몸에 손끝 하나 안 대!!

이 유머에서 첫 번째, 두 번째 여자는 예열을 한 것이고 마지막 여자의 말은 반전을 준 것이다. 앞에 두 여자의 깔아주는 평범한 멘트가 없었다면 마지막 여자의 말이 덜 웃겼을 것이다. 앞에 두 여자로 예열을 하고 나니 뒤 여자의 말이 더 웃긴 것이다. 예열은 집중시켜 기대하게 하는 효과가 있기도 하고, 시선을 돌려 예상 밖 웃음을 주는 역할을 하기도 한다.

또한 이 유머에는 반전 요소도 숨어 있다. '나를 너무 아끼다'와 '손끝 하나 안 댄다'는 언발란스가 주는 웃음이다. '나를 너무 아낀다'는 말을 들었을 때까지 만 해도 다음 말 역시 앞에 여자들과 비슷할 거라 생각했을 것이다. 거기서 예상을 깨는 말을 함으로써 웃음을 주는 원리이다.

두 번째는 **반복과 슬랩스틱**이다. 놀다가 아이가 웃는 포인트가 있다면 그냥 넘어가지 말고 꼭 반복을 해줘야 한다. 그러면 무조건 웃을 것이다. 최소 그날 하루만큼은. 참고로 4~5세 아이들은 똥이나 방귀 얘기 말만 들어도 빵 터진 다. 그야말로 치트키이다. 아끼면 똥 된다. 무조건 쓸 수 있을 때 써야 한다.

그리고 슬랩스틱. 또 한 가지 예를 들어 보겠다.

어느 대학 조용한 강의실. 근엄한 표정의 노교수가 문을 열고 저벅 저벅 걸어온다. 학생들은 긴장하고 수업 준비를 한다. 그런데 그 교수가 들어오다가 스텝이 꼬이면서 넘어졌다!

웃지 않고 배기겠는가? 슬랩스틱의 위대함이다. 단순하지만 어려운 코미디. 정확하게 계산이 되어야만 웃긴 코미디. 그래서 교수가 넘어지는 포인트도 중요하다. 어디서 어떻게 넘어질 것인가? 이왕 넘어지는 거 곱게 넘어지지 말고 비틀대다가 넘어지면 더 웃길 것이다. 게다가 한 번 넘어졌다가 일어나려고 책상을 짚었는데 그게 기우뚱하면서 또 넘어지면 두 배로 웃길 것이다.

그런데 혹시 눈치 챘는가? 이 짧은 이야기에도 앞서 말한 예열과 반전과 반복의 요소가 숨어 있다. 근엄한 교수의 입장과 학생들의 긴장은 예열, 갑자기 넘어지는 것은 반전, 한 번 더 넘어지는 것은 반복이다. 웃음이라는 것이 이렇게 과학적일 줄이야!

웃음의 법칙을 활용한 놀이

다시 우리 가족 이야기. 역시나 반복과 슬랩스틱이 겹쳐진 경우였는데 하루는 조그마한 인형을 갖고 놀다가 내가 인형을 잘못 세우는 바람에 그 인형이 바닥에 픽 쓰러진 적이 있었다. 아이의 눈엔 그 실수가 우스웠나 보다. 별것도 아닌 일에 엄청 웃는 것이었다. 이게 바로 슬랩스틱의 힘이다. 별것도 아닌데 동작 하나로 웃긴 상황. 그래서 실수인 척 한 번 더 쓰러뜨려 봤다. 그러니 아이가 또 웃었다. 옳다구나 싶었다. 그 뒤로 수시로 "아이고, 배고파~" 하면서 쓰러지고 "어머머, 미끄럽다!" 하면서 쓰러지고 "나 좀 잡아줘! 안 잡아주면 어떡해~" 하면서 쓰러지고... 이렇게 말도 안 되는 핑계들을 다 갖다 붙여서 인형을 넘어뜨렸더니 확률 100%로 웃음을 보였다.

이런 반복이 지속되면 캐릭터가 되는 것이다(캐릭터 빌드업 얘기는 다음 편에서 자세히 하겠다). 그다음부터는 그 사람(인형)이 나오기만 해도 기대가 되는 심리이다. 예전 무한도전에서 시도 때도 없이 소리를 지르며 화를 내는 '버럭명수' 캐릭터로 인기를 끌었던 박명수 씨가 프로그램 내에서 다른 출연진들과 옥신각신하다가 인상만 한 번 찌푸려도 '아! 좀 있으면 또 버럭 소리를 지르겠구나. 재밌겠다!' 하는 생각이 절로 드는데 시청자들의 이런 기대 심리와 비슷하다는 것이다. 아이는 이렇게 생각했을 것이다. '지난번에 넘어지는 거 되게 재밌었는데 오늘은 또 어떻게 넘어질까? 재밌겠다.'

체력이 중요하다

마지막으로, 아이와 재밌게 놀아주려면 잊지 말아야 할 것이 있다. 바로 꾸준함과 체력이다. 백약이 무슨 소용이 있겠는가? 쓰지를 못한다면. 아무리 이론적으로 무장되어 있다고 해도 아이들은 성에 찰 때까지, 최소 2~3시간은 놀아줘야 만족을 한다. 적어도 우리 딸은 그랬다. 한 시간 정도 놀고 그만 놀자하면 입이 삐죽 나왔다. 그럴 거면 차라리 시작을 안 하는 게 나을 수도 있다.

그렇다면 꾸준히 놀기 위해선? 당연히 체력이 중요하다. 그러나 우리 아빠들 평소에 얼마나 힘든가? 특히 집에 있는 게 도대체 뭣 때문에 회사에 있을 때보다 더 피곤하단 말인가! 나도 안다. 그래서 난 평소에는 커피를 즐기지 않지만 주말이면 두 잔씩 마시곤 했다.

슬프다고? 어쩔 수 없다. 우리 아이가 나와 놀면서 웃는 얼굴, 그 예쁜 모습을 볼 수 있는 날도 이제 얼마 남지 않았다. 보통 초등학교 2~3학년, 길게 봐야 5~6학년까지 일 것이다. 그때 되면 아빠가 놀아 달라고 사정사정을 해도 본체만체할 것이다. 그때 가서 후회하지 말고 지금 최선을 다해 놀아줘야 한다. 그렇게 노력하다 보면 좋은 일이 생길 수도 있다.

혹시 아는가? 스무 살 넘어 소주 한 잔 하러 아빠랑 팔짱을 끼고 걸어가면서 이렇게 말해줄지.

"어릴 때 아빠랑 인형 놀이하는 거 진짜 재밌었는데 아빠도 기억나?"

세상 모든 아빠들... 진심으로 파이팅.

놀이
노는 게 제일 좋아

주로 여자아이들의 특성이기도 하겠지만 우리 딸아이는 유난히 인형 놀이를 좋아한다. 이른바 역할극인데 설정은 그날그날 상황에 따라 바뀌는 편이다. 주로 집을 배경으로 할 때가 가장 많았고 병원 놀이, 마트 놀이, 미용실 놀이 등등 수시로 변경된다. 그즈음에 어디를 갔느냐 어떤 경험을 했느냐에 따라 달라질 때가 많다. 물론 그런 식으로 배경을 바꿔줘야 아이가 덜 지루해 하기도 한다.

사실 이런 인형 놀이(역할극)의 경험이 없는 아빠들은 어떻게 해야 잘 놀아줄 수 있을지 모를 때가 많다. 이유는? 안 해봤기 때문이다. 나 역시 그랬다. 어린 시절 과격한 성격까지는 아니었지만 그렇다고 얌전히 앉아 인형을 갖고 논 경험은 드물기 때문이다. 어떻게 할까 고민을 하다가 역시 예능 프로그램을 만들었던 경험을 되짚어 보았다. 그래서 나온 결론이 바로 '캐릭터'였다.

캐릭터 빌드업의 중요성

프로그램을 만들 때 회의하면서 많이 하게 되는 말 중에 하나는 "출연자 캐릭터가 잘 잡혀야 할 텐데…" 바로 이것이다. 이른바 캐릭터 빌드업이란 것인데 캐릭터를 어떻게 만들어가야 할 것인지 복잡하게 이야기하자면 끝도 없지만 간단하게 한 단어로 표현하자면 바로 '친해지기'라고 할 수 있겠다.

캐릭터의 중요성에 관해 예전 선배한테 들었던 이야기. 큰 인기를 끌었던 프로그램이 종영하고 나면 다들 후속작으로 편성되는 걸 꺼려한다고 한다. 시청자들은 인기 있었던 프로그램의 출연자들과 오랜 시간 정이 폭 들어 있는 상태다. 가까운 친구처럼 여긴다는 것이다. 그런데 내가 좋아했던 친구들이 하루아침에 사라지고 어디서 처음 보는 것들이 나와서 설친다? 용서할 수 있을까? 이것들 때문에 내 친구가 다 사라진 건가? 이제 다시 못 만나는 건가? 내심 자꾸 삐딱한 생각이 들 것이다. 이렇기 때문에 쉽게 시청자들의 마음을 얻기가 힘들다는 것이다. 이럴 때는 적응 기간이 필요한데 이것을 바꿔 말하면 캐릭터가 쌓일 때까지 기다려야 한다는 것이다. 드라마나 시트콤 같은 경우는 이러한 적응이 더욱 힘들 것이다. 오죽하면 연기했던 배우들도 캐릭터에서 빠져나오기 힘들었다는 말을 입에 달고 살까.

비슷한 예를 다시 들어 보겠다. 학창 시절 담임 선생님의 흉내를 기가 막히게 내는 친구가 있던 기억 다들 있을 것이다. 그런데 그 흉내가 같은 반 학생끼리는 너무 웃긴데 바로 옆 학교로 가서 하면 재미있다는 사람이 아무도 없다. 이유는? 옆 학교 학생들은 우리 담임 선생님의 캐릭터를 전혀 모르기 때문이다. 캐릭터가 없는 상태에서 웃기기가 이렇게 힘든 것이다.

아이와의 놀이 이야기로 다시 돌아와 보자. 아이와 어떻게 인형 놀이를 해줄까 고민하다가 인형마다 캐릭터를 만들어주기로 했다. 근데 중요한 것은 이 캐릭터를 내 맘대로 무작정 만들면 안 된다는 것이다. 이는 프로그램 제작 때도 마찬가지다. 같은 인형들로 계속 놀다 보면 자연스레 캐릭터라는 게 생기게 된다. 여기서 중요한 건 '계속'이란 단어. 꾸준히 반복해서 놀다 보면 저절로 캐릭터가 보이니 걱정 마시길. 이렇듯 자연스럽게 아이와 놀 때 특징들, 이를테면 이 인형이 이런 행동이나 말을 했을 때 아이가 크게 웃었다거나 아니면 관심을 두었다거나... 이런 것들을 기억해두었다가 캐릭터 빌드업에 활용하면 좋다. 얘는 장난 잘 치고, 얘는 공부 잘하고, 얘는 춤을 좋아하고 등등. 이렇게 캐릭터 적응 기간을 거치면 별것 아닌 행동이나 말을 해도 마치 우리 담임 선생님 흉내처럼 재밌어지는 것이다. 캐릭터가 머릿속에 각인되고 나면 재밌게 놀기가 훨씬 수월해진다. 한창 인기를 끌고 있는 개그맨은 손만 한 번 까딱해도 웃겨 보이지 않던가? 비슷한 이치이다.

그럼 이쯤에서 우리 집 인형들 캐릭터를 정리해보기로 하겠다. 참고로 이름은 모두 딸아이가 지은 것이라 작명의 배경이나 이유는 나도 잘 모르겠다.

캐릭터 소개

우유 (여 3)
초등학교 벼룩시장을 통해 우리 집에 들어온 아이. 귀여운 외모로 딸아이의 사랑을 독차지하고 있다 보니 버릇이 좀 없다. 스스로를 공주라고 부르길 즐긴다.

박도 (남 6)
언제나 듬직한 친구. 주변을 잘 배려하며 친구들을 잘 돕는다. 특히 우유를 잘 업고 다녀서 우유는 나중에 박도 오빠랑 결혼하고 싶다고 한다. 넘어지지 않고 쉴 새 없이 뱅글뱅글 도는 것이 특기.

부부 (여 8)
딸아이가 갓난아기 시절부터 함께 살아온 친구. 한마디로 춤생춤사. 특히 삼바 음악을 들으며 온몸을 흔들어 대는 막춤을 좋아한다. 흥에 겨워 춤을 추다가 부딪치기도 해 뜻하지 않게 주변에 피해를 주는 일이 종종 있다.

부영 (여 5)
일본 오키나와 여행에서 만나 데려온 친구. 얌전하고 꾸미길 좋아한다. 가끔 고향 일본을 그리워한다.

둥이 (남 4)

코믹 상황을 전담하고 있는 판다. 중국 쓰촨 성으로 가족 여행을 갔을 때 만난 친구. 말끝마다 "헐", "대박"이란 말을 달고 산다. 대나무 먹기를 즐기며 장난이 심하지만 미워할 수 없는 캐릭터. 또 다른 여자 판다 쌍이(3)와 이란성 쌍둥이.

쌍이 (여 4)

둥이와 이란성 쌍둥이인 여자 판다. 장난꾸러기 둥이와 달리 얌전하고 공부도 곧잘 하는 편이다. 하지만 둥이가 장난칠 때면 덩달아 까부는 경우도 왕왕 있다.

뽀로로 (남 9)

명실상부 세계적 인기 스타. 우리 집에서도 슈스 취급을 받는다. 워낙 유명하다 보니 주변 인형들이 사인을 해달라거나 같이 사진을 찍자고 할 때도 많다. 현재는 학원을 다니며 유튜브 공부에 열심이다.

오은 (여 5)

참치를 좋아하는 고양이. 유연성과 점프력이 좋았는데 최근 다리 부상을 당해 치료를 받으며 조신하게 지내고 있다.

이밖에도 많은 캐릭터들이 있지만 이 정도가 주조연급에 해당한다고 할 수 있다. 참고로 나이는 우리 집에 온 날을 기준으로 매년 한 살씩 늘어나고 있다. 쓰다 보니 정말 긴 세월 동안 켜켜이 쌓아온 캐릭터들 같아서 괜히 울컥해진다.

캐릭터 간 관계 만들기

어쨌거나 캐릭터만 잡히면 끝이냐고? 아니다. 하나 더 남았다. 캐릭터 빌드업 다음에 중요한 건 바로 캐릭터 간 관계를 만들어가는 것이다. 인형 하나하나가 재밌을 수도 있지만 서로 '관계'를 만들어서 활용하면 재미가 배가되는 것이다. 앞의 글에서 언급한 박명수 씨의 경우 혼자 있어도 물론 웃기지만 앙숙 정준하 씨와 말싸움을 하며 티키타카하는 것을 보면 더 재밌어진다. 오죽하면

'하와수'라는 애칭까지 생겼을까? 각자 웃긴 캐릭터들이 만나 더 큰 시너지를 내는 것. 이것이 캐릭터 간 관계의 중요성이라고 할 수 있다. 우리 집의 경우를 보면 우유는 딸아이에게 찰싹 붙어 있고 박도 오빠를 좋아한다. 그러나 장난을 많이 치는 둥이, 부부와는 싸울 때가 많다. 둥이와 부부는 둘 다 장난꾸러기이지만 죽이 잘 맞아서 작당모의를 해 함께 장난을 치다 사고를 치는 경우도 많다. 평소 딸의 말을 잘 듣고 뭐든 열심히 하는 쌍이는 둥이와 쌍둥이 사이라 어지간한 둥이의 장난은 못 본 척 넘어가는 편이다 등등. 캐릭터와 이런 관계 설정이 상호작용을 일으켜 인형 놀이는 더욱 재밌어지게 된다.

뭐가 그리 복잡한지. 읽느라 고생들 많으셨다. 자 이제 노는 일만 남았다. 우리 집에서 가장 나이가 많은 인형 뽀로로는 일찍이 이런 말을 남겼다.

"노는 게 제일 좋아!"

이렇게 놀다 보면 아이도 그리고 아빠도 무척 재미있을 것이다. 못 믿겠다고? 믿고 한번 해보시라. 10년 차 인형 놀이 달인의 경험담이니!

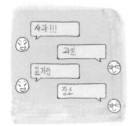

놀이
놀이인 듯
놀이 아닌 끝말잇기

이 세상 아빠들이라면 대부분 120% 공감하겠지만, 아이랑 놀아준다는 건 진짜 보통 일이 아니다. 논다는 표현이 맞나 싶을 정도로 정신적, 육체적으로 중노동에 가깝다. 다만 부모가 자식하고 놀아주는 데 귀찮다거나 힘들다는 내색을 하기가 죄스러워 표현을 잘 못할 뿐이다.

그 똑똑하다는 아인슈타인이 "미녀와 함께 있으면 1시간이 1분처럼 느껴지지만 뜨거운 난로 위에서는 1분이 1시간보다 길게 느껴진다"고 말하지 않았던가? 그저 한두 시간만 놀아 주면 되는데 왜 그리 시간은 안 가는지! 도대체 허리며 다리며 왜 온몸이 안 쑤시는 데가 없는지! 미안하게 어쩌자고 자꾸 하품은 나오는지! 우리 어릴 때는 혼자서도 참 잘 놀았던 거 같은데 우리 애는 왜 자꾸 놀아달라고 하는지! 신기하게도 놀이만 끝나면 왜 정신이 맑아지는지!!

하지만 아빠가 되어서 '나 때는 말이야'라면서 아이 탓만 하고 있을 수도 없는 법. 지금부터 그런 아빠들의 고민을 해결할 수 있는 회심의 카드를 공개하고자 한다. 허리 쭉 펴고 편안하게 누워서 할 수 있는 놀이, 온몸은 그저 가만히 있고 입만 나불대면 되는 놀이, 어쩐지 교육에도 도움 될 것만 같아 죄책감도 덜 수 있는 놀이. 바로 '끝말잇기' 되시겠다. '겨우 그거?'라고 생각이 들겠지만 절대 그렇지 않다.

아빠들에게 익숙한 상황을 한번 상상해보자. 어느 일요일 오후 점심도 배불리 먹었겠다 일주일 동안 쌓인 피로 때문에 몸은 노곤하고 눈꺼풀은 천근만근인데 애는 자꾸 놀아 달라고 칭얼댈 때, 그럴 땐 이렇게 외쳐보는 거다.

"우리 끝말잇기 놀이할까?"

당연히 무척 밝은 표정으로 정말 재미있을 것 같지 않냐는 듯 기대되는 얼굴은 필수다. 그런 다음 아이와 함께 침대에 가서 편한 자세로 나란히 눕는다. 엄마가 함께 참여해도 좋다. 그리고 간단하게 끝말잇기 규칙을 설명해준 후 시작하면 되는 거다. 이게 사실 별거 아닌 것 같지만 우리 애 같은 경우 5~6살부터 즐겨했는데 그때마다 되게 재밌어했다.

 아이의 엄지 척을 부르는 육아 꿀팁!

여기서 한 가지 중요한 체크 포인트! 승부욕에 불타서 아이를 이겨 먹으려고 하면 절대 안 된다는 거다. 특히 우리 딸은 지기를 싫어하는 성격이라 아빠가 눈치 없이 어려운 단어를 얘기하는 바람에 말문이 막히면서 울며불며 끝나는 불상사가 일어나는 경우도 왕왕 있었다. 그러니 적당한 난이도를 유지하면서 단어를 이어나가는 게 중요하다. 엄마 – 마차 – 차도 – 도로 – 로기(타요 친구 다들 아시죠?) – 기분 – 분수 – 수박 – 박수… 뭐 이런 식이다. 여기서 몇몇 특정 단어들을 조심해야 하는데, 아무 생각 없이 사랑, 그릇, 기쁨 이런 것들과 같이 한 방에 게임이 끝나는 단어를 얘기했다가는 이내 아이의 얼굴이 붉으락푸르락 변하는 걸 볼 수 있을 것이다.

하지만 무한반복으로 끝말잇기를 계속 이어갈 순 없을 터. 적당한 단어가 나왔다 싶으면 "어? 뭐가 있지? 왜 생각이 안 나지?" 하면서 잠시 안절부절 못하다가 "아~ 생각 안 난다! 아빠가 졌어!" 하며 깔끔하게 백기를 들어야 한다. 정리하자면 적정한 수준을 유지하면서 오래도록 끌고 나가다가 깔끔하게 끝내는 게 중요하다는 거다. 이기고 지는 게 중요한 게 아니라 놀이를 통해 아이의 어휘 실력을 향상하는 게 목적이기도 하니까. 물론 아주 조금 아빠 몸이 편하다는 건 덤이고.

어휘력 쑥쑥 늘려주는 끝말잇기 놀이

우리 집 같은 경우는 조금 어려운 단어가 나올 때마다 꼭 "이 단어 뜻 알아?" 하고 물어본 다음에 안다고 하면 아이에게 단어에 대해 설명을 해보라고 했고, 모른다고 하면 뜻을 가르쳐 줬다. 해당하는 예시를 들어가면서 말이다. 예를 들어 아이가 '우유'라고 하고 내가 '유기농'이라고 했다고 치면 이런 식이다.

"유기농이 무슨 뜻인지 알아? 우리 예전에 주말농장 할 때 상추 같은 거 키워 봤잖아. 근데 그런 상추 같은 채소들이 벌레 같은 게 너무 많아 잘 자라지 않을 수 있어서 벌레 못 오게 약을 뿌려. 그걸 해충제라고 해. 우리 집에도 모기 잡는 스프레이 칙칙 뿌리는 거 있잖아? 그거랑 비슷한 거야. 근데 그걸 너무 많이 뿌리면 나중에 사람이 그 채소를 먹을 때도 몸에 안 좋은 해충제를 함께 먹게 되는 셈이야. 그런 의미에서 해충제를 안 뿌린 채소를 먹으면 좋겠지? 해충제 같은 약을 안 뿌리고 키우는 걸 유기농으로 키웠다고 해. 알겠지?"

이런 식으로 말이다. 당연히 시간이 가면 갈수록 아이의 어휘력에 맞추어 단어의 난이도를 높여주면 된다. 그러다 보면 순간순간 예전보다 훌쩍 단어 실력이 올라간 걸 느낄 수 있을 거다.

나중에 아이가 좀 더 자라면 영어 단어로 끝말잇기를 할 수도 있다 milk - korea - apple... 이렇게 말이다. 그리고 유사한 놀이 형태로 특정 글자로 시작되거나 끝나는 말놀이도 재미있다. 어릴 때 "리리리자로 끝나는 말은..."이란 노래 다들 불러봤을 거다. 오리 - 개구리 - 개나리 - 꾀꼬리 - 유리 - 항아리... 이런 식인 거다.

여기서 그치지 않고 또 한 번 놀이를 업그레이드해 보자면 '여름 하면 생각나는 것 말해보기', '빨간색과 어울리는 것 말해보기' 등도 소소하게 재미있으면서 한두 시간은 거뜬히 시간을 보낼 수 있는 놀이이다. 온 가족이 침대에 편안하게 나란히 누워 끝말잇기 같은 놀이를 재미나게 하는 모습. 생각만 해도 평화롭고 흐뭇하지 않은가?

마지막으로 주의사항. 안 그래도 피곤해 죽겠는데 누운 자세로 게임에 임하다 보면 깜빡 잠들 수도 있다. 그랬다간 아이가 이렇게 외칠지도 모른다.

"아빠, 무슨 생각을 그렇게 오래 해! 얼른 말해!!"

그러니 눈에 힘 팍 주고 참아 보시라. 누가 아는가? 혹시 그날 운이 억세게 좋다면 끝말잇기 하다 말고 애가 먼저 스르르 잠들지도 모르는 일이다.

일석십조!
아빠와 신문 읽기

어린 시절 죽어라 책 읽기를 싫어했었다. 딱히 그럴만한 사건이 있었던 것도 아닌데 특별한 이유 없이 그냥 책이 싫었다. 책을 열면 몇 장을 못 넘기고 덮기 일쑤였다. 소위 진도가 잘 안 나가는 타입이었다.

하지만 어릴 때 책을 읽지 않은 것이 내 인생에 크게 악영향을 끼쳤다거나 학업 능력의 저하로 이어졌다고 생각하진 않는다. 오히려 학창 시절엔 국어 성적이 좋은 편이었다. 아니 겸손을 빼고 얘기하자면 인생에 몇 안 되는 자랑거리 중 하나가 수능 시험에서 언어 영역을 만점 받았다는 것일 정도로 국어는 제일 좋아하고 잘하는 과목이었다. 고3 수험생 시절 공부하다 지치면 국어 지문을 읽으면서 머리를 식히곤 했다. 그렇다고 내가 지금 독서와 국어 실력과의 상관관계를 얘기하고자 하는 것은 아니다.

문득 궁금해 곰곰 생각해본 적이 있었다. 책도 안 읽었는데 난 왜 국어를 잘했던 걸까? 그러고 보니 책이 아닌 다른 읽을거리가 있었다. 바로 신문이었다. 지금은 보기 드문 풍경이지만 예전에는 집집마다 종이 신문을 보곤 했었다. 인터넷도 스마트폰도 없던 시절 세상 소식을 알려주는 주요 창구였던 신문. 매일 아침 대문 앞에는 배달된 신문이 놓여 있었다.

언제부터였는지는 모르지만 아버지가 보시고 난 신문을 가져다가 읽었다. 신문 읽기의 장점은 읽기 능력뿐만 아니라 세상 돌아가는 것에 대한 호기심을 키워주고 다방면에 지식들을 쌓게 해주는 것이다. 신문을 통해서 독해력, 창의력, 상식 등을 익혔던 것 같다.

오래전부터 내 아이에게는 내가 그랬던 것처럼 신문을 읽게 하고 싶다는 생각을 해왔기에 어린이 신문을 구독하게 되었다. 너무 어릴 때는 좀 버거울 것 같아서 초등학교 2학년이 되어서야 시작한 것이다. 그냥 단순히 신문이 좋으니까 알아서 잘 읽으라고 한 건 아니다. 나름 신문을 잘 읽게 하기 위해 내가 특별히 노력한 부분들을 소개하고자 한다.

아이를 신문과 친하게 만드는 방법

우선 신문을 읽으라고 잔소리를 하지 않았다. 자연스럽게 거실 탁자에 놓아두면 아이가 오며 가며 보고 싶을 때 보는 분위기를 만들어주려고 했다. 신문 안에 아이들이 좋아할 만한 만화들도 있기에 따로 말하지 않아도 아이 혼자 신문을 펼쳐 보는 모습을 종종 볼 수 있었다.

그렇게 자연스러운 분위기를 만들어주다가 저녁 때 퇴근 후 10~20분쯤 짬을 내어 아이와 함께 앉아 신문을 읽었다. 총 8면밖에 되지 않기 때문에 시간이 그리 오래 걸리지는 않는다. 물론 사정이 여의치 않아 하루 이틀 밀리게 되면 하루 날 잡아서 조금 더 시간을 투자해 읽으면 그만이니 부담을 느낄 필요도 없다.

어린이 신문을 보기 시작하면서 느낀 것인데 신문 안에는 양질의 콘텐츠가 상당히 많이 들어 있다. 아이 눈높이에 맞춰 시사 상식부터 과학, 역사, 영어, 한자, 그리고 토론 거리까지 다양한 내용들로 구성되어 있다.

여기서 주의할 점은 신문을 읽는다는 것이 처음부터 끝까지 신문 속 글자를 소리 내어 읽는 것이 아니라는 거다. 그렇게 하면 아이들이 지루해할 뿐 아니라 이해하기도 힘들기 때문이다. 그럼 어떻게 하는 것이 좋을까? 나의 경우엔 딸아이와 읽기 전에 잠시 짬을 내어 빠른 속도로 신문의 내용들을 먼저 훑어본다. 어린이 신문이기에 어른의 입장에선 훑어만 봐도 대부분 이해할 수 있는 내용들이다. 그러고 나서 생각을 정리해 요약을 하고 내 입장에서 부연 설명을 첨가해 설명해 준다.

이를테면 신문에 도쿄 올림픽에 관해 기사가 나왔다고 하면 이렇게 설명해 준다.

"엄마랑 아빠랑 몇 년 전에 강원도에 올림픽 보러 갔지? 기억나?"

"응, 기억나."

"그때 엄청 추운데 썰매 타는 거 보고 선수들 응원하고 그랬잖아. 그때는 동계 올림픽 즉 겨울에 하는 올림픽이야. 여름에도 4년마다 올림픽이 열리거든. 매번 다른 나라 도시를 돌면서 열리는데 이번 차례는 일본 도쿄야. 예전에 외할머니랑 일본 오키나와 갔었지? 우리나라의 서울 같은 곳이 일본에는 도쿄라는 곳이야. 그걸 수도라고 해. 아무튼 원래 작년에 올림픽이 열렸어야 하는데 열리지 못했어? 왜 그랬을까?"

"음... 코로나 때문에?"

"맞아. 코로나가 좀 지나가고 나서 올림픽을 1년 후에 열기로 한 거야. 그런데 올해도 코로나가 없어지지 않았잖아. 그렇다고 또 미룰 수도 없고 돈을 많이 들여서 경기장을 다 지어서 취소할 수도 없고. 또 4년 동안 올림픽을 위해 준비한 선수들 생각하면 열리는 게 맞겠지? 그런데 올림픽 때문에 코로나가 더 심해지면 안 되니까 어떻게 하기로 했을까?"

"사람들 못 오게?"

"맞아! 작년에 아빠랑 야구장 갔었지? 그때 띄엄띄엄 앉아서 응원했잖아. 그때도 코로나 때문에 그랬던 건데 이번에는 아예 관중 없이 선수들만 운동장에서 경기를 하기로 한 거야."

이런 식으로 '도쿄 올림픽 무관중 개최' 기사에 관해 최대한 아이 눈높이에 맞춰서 설명해 주는 것이다. 단, 아이의 리액션을 보고 판단해 봤을 때 지루해할 만한 내용이거나 이해하기 어려울 것 같은 기사는 과감하게 생략하고 넘어가야 한다. 신문을 같이 읽는 이유는 아이에게 지식을 전달하고자 함도 있지만 글 읽기에 대한 흥미를 만들어주기 위함이라고 생각하기 때문이다.

신문 내용만으로 부족할 때는 스마트폰을 시청각 교재로 활용하기도 한다. 예를 들어 동물원에서 아기 판다가 100일을 맞았다는 기사가 있다고 하면 신문 지면에 나와 있는 사진만으론 한계가 있기 때문에 관련 동영상을 검색해서 보여준다. 그러면 아이도 좋아하고 생생한 화면을 통해 설명을 같이 해주니 이해도도 높아지는 효과도 거둘 수 있다.

신문 읽고 토론 맛보기

내가 중요하게 생각하는, 신문의 또 다른 장점은 토론하는 힘을 길러 준다는 것이다. 요즘 어린이 신문에는 아이들의 의견을 묻는 찬반 토론 형식의 콘텐츠가 정기적으로 실린다. 앞에서와 같은 방법으로 기사 주요 내용을 아이가 이해할 수 있게 정리하고, 아래와 같이 질문을 던져볼 수 있다.

"중국에서는 학생들한테 학교에 스마트폰을 아예 갖고 오지 못하게 하려고 한대. 이것에 대해서 찬성, 반대하는 의견들이 있어. 찬성하는 쪽은 아이들이 수업에 집중하게 하고 시력이 나빠지는 걸 방지하기 위해선 학교에 스마트폰을 가져오지 못하게 하는 게 맞다는 의견이고, 반대하는 쪽은 아무리 아이들이라지만 스마트폰을 아예 못 갖고 오게 하는 건 자유를 뺏는 것이다, 또 무조건 못 쓰게 할 게 아니라 잘 쓰는 방법을 교육해야 하는 거 아니냐 이렇게 의견이 나뉜대. 어떻게 생각해?"

내가 물어보면 한참을 생각하다 이렇게 대답한다.

"음… 스마트폰이 나쁘기도 하지만 그렇다고 무조건 못 갖고 오게 하는 건 너무한 거 같아. 그래서 내 생각엔 학교에 갖고는 올 수 있게 하는데 수업 시간에는 절대로 못 보게 해야 할 거 같아."

"(그래, 네가 솔로몬이다!) 아 그렇게 생각했구나. 맞아, 그렇게 할 수도 있어. 그런 걸 절충안이라고 해. 양쪽 입장을 다 생각한 거니까 아빠는 좋은 생각인 거 같아."

이렇게 특정 결론을 유도하지 않고 최대한 아이의 의견을 존중해 주려고 한다. 요즘같이 학교에 자주 못 가는 코로나 시대에 이런 식으로라도 토론의 맛을 보여주고 싶은 것이다. 물론 토론에선 어느 쪽이 이겼나 승부를 가르는 것이 중요한 게 아니라 양쪽의 의견이 다를 수도 있다는 걸 가르쳐 주는 것이 더욱 중요하다고 생각한다.

그리고 또 한 가지, 아이와 신문 읽기에서 중요한 건 내 생각을 강요하지 않는 것. 내가 아무리 옳다고 생각하는 것이라도 아이에게 똑같이 주입하고 싶지는 않기 때문이다. 나중에 좀 더 자라서 본인의 생각으로 판단할 수 있을 때까지 기다려주고 싶다.

신문을 읽다 보면 이야기의 주제가 무궁무진하게 확장되기도 한다. 어느 날은 미국과 중국에 대해 얘기하다가 어느새 북한과 미국과의 관계 나아가 6.25 전쟁, 남북 관계, 통일 문제까지 이야기가 뻗어나갈 때도 있었다. 최근에는 영국 왕실에 관한 얘기를 하면서 서구 열강들의 제국주의에 관한 얘기도 했다. 물론 아이의 눈높이에 맞춰서.

세상을 넓게 바라보는 힘, 공감 능력과 역발상

얼마 전 있었던 또 다른 에피소드 하나. 저녁을 먹고 소파에 같이 앉아 며칠 밀린 신문을 한꺼번에 읽고 있었다. 여러 기사 중 '인공근육'에 관한 기사를 읽던 중이었다. 우선 기사를 이런 식으로 요약해 주었다.

"과학자들이 특별한 섬유를 만들었는데 그 섬유로 만든 옷을 입으면 사람이 힘이 세진다는 거야. 평소에 10kg 무게를 들 수 있다면 그 옷을 입으면 400kg까지 들 수 있게 된대."

이해를 돕기 위해 이런 식으로도 설명을 했다.

"우리 마트에서 쌀 사 오잖아. 그게 10kg이거든? 보통 땐 아빠가 하나밖에 못 들고 오는데 그 옷을 입으면 한 번에 40포대까지 들 수 있는 거야. (이쯤에선 진짜 40포대쯤 든다는 듯 실감 나게 액션을 해줘야 한다.) 힘 안 들고 엄청 편하겠지?"

딴에는 한 발 더 나가보고자 부연 설명을 했다.

"몸이 불편하신 분들이나 무거운 물건을 들 일이 많은 분들한테는 참 좋은 기술인 거 같아. 이런 옷 얼른 나와서 사람들이 입고 다녔으면 좋겠다."

그런데 그때 딸아이가 뜻밖에 이런 질문을 던진다.

"그럼 택배 아저씨들이 무거운 생수통 같은 거 배달할 때 입을 수 있겠네?"

아이 눈엔 평소에 택배 아저씨들이 무거운 박스를 들고 다니는 모습이 기억에 남았나 보다.

"맞아. 택배 아저씨들이 입으면 힘들지 않고 정말 편하게 일하실 수 있어 좋겠다, 그치?"

이렇게 마무리하고 다음 기사로 넘어가려는 순간 훅 들어오는 딸아이의 기습 공격.

"근데, 그럼 택배 아저씨들한테 안 좋은 거 아냐?"

"(응??) 왜 그렇게 생각해?"

"한 아저씨가 한꺼번에 많은 물건을 들 수 있으면 다른 택배 아저씨들은 할 일이 없어지잖아. 그럼 그 아저씨들은 일자리를 잃어서 안 좋은 거 아냐?"

충격이었다. 적당히 신기술이 나왔다고 대충 때우려던 나 자신이 부끄러웠다. 그래, 기술의 발달이 꼭 인간의 행복으로 이어진 건 아니었지. 순간 우리 사회에서 이슈가 되고 있는 일자리 공유 문제서부터 4차 산업 혁명 시대에 유망 직종까지 여러 가지 생각이 들었다. 하지만 가장 놀랍고 기특한 건 이런 사소한 일에도 다른 사람의 어려움을 먼저 헤아릴 줄 아는 아이가 바로 내 아이라는 것! 이 사실이 가장 뿌듯했다.

앞으로 살면서 가장 중요한 덕목은 다름 아닌 **공감**이라고 한다. 공감이란 다른 사람의 입장에 자기 자신을 대입해 타인의 감정 상태를 이해하는 것이다. 구글에서 연구한 바에 따르면 창의적인 아이디어와 혁신은 공감과 같은 감정 지능이 풍부한 직원들에게서 나온다고 한다. 꼭 구글에 취직하자는 얘기가 아니라... 평소 아이에게 다른 어떤 능력보다 공감 능력을 키워주려고 노력을 많이 했는데 조금이나마 그 결실을 맛본 것 같아 기분이 한껏 좋았다.

또 한 가지 주목할 만한 건 비단 아이 교육뿐 아니라 내가 평소에도 중요하게 생각하는 부분이 어떤 사물을 볼 때 남들과 다르게 생각하는 힘, 이른바 **역발상**이다. 딸아이는 따로 가르치지도 않았는데 세상을 다양한 시각과 방향으로 보는 훈련이 되어 있는 것 같아 뿌듯하기도 했다. 물론 그것 때문에 그 후 신이 나서 목청 높여 이것저것 30분 넘게 떠들다가 기진맥진 하긴 했지만. 매일 신문을 함께 읽을 이유가 한 가지 더 생긴 저녁이었다.

퇴근 후 소소하지만 즐거운 습관

이렇게 아빠와의 신문 읽기가 지속되다 보니 언젠가부터 퇴근하고 집에 와서 같이 저녁을 먹고 나면 딸이 먼저 신문을 들고 와서 같이 신문을 읽자고 한다. 아빠와 딸의 좋은 습관이 생겼다고나 할까. 그리고 가끔 일부 재미있을 것 같은 기사는 아이가 먼저 훑어보고 오는 경우도 생겼다. 혼자서 스스로 읽기 시작한 것이다.

신문을 꾸준히 읽은 덕분에 어휘력이 늘어나고 과학이나 역사 등 상식도 풍부해지는 거 같다. 보너스로는 어른인 나도 몰랐던 일을 어린이 신문을 통해 함께 배우게 된다는 것이다.

앞으로의 일은 알 수 없지만 초등학교 졸업할 때까지는 딸아이와의 신문 읽기를 계속할 생각이다. 아내가 찬성할지는 모르지만 이렇게 신문 읽기가 계속된다면 따로 논술 학원이나 글쓰기 학원을 굳이 다니지 않아도 되겠다는 생각도 든다. 딸이 다른 아이들보다 수월하게 일기를 쓴다거나 글짓기를 하는 모습을 보면 저게 다 내가 잘 가르쳤기 때문일 거야 하는 괜한 자부심도 생기곤 한다.

아! 마지막으로 중요한 사실 한 가지! 어린이 신문은 월요일부터 금요일까지 주 5일 배달되고 요금은 월 7,000원이다. 하루에 약 350원으로 이렇게 다양한 효과를 볼 수 있다니 놀랍지 않은가? 지금 바로 신청하세요! 국내 1등 어린이 신문 구독 문의는 1588-20...

꼬리에
꼬리를 무는 단어

도대체 왜 그렇게 수학이 싫었던 걸까? 싫어서 못하는 건지 못해서 싫은 건지. 아님 이도 저도 아닌 둘 다인 건지. 국민학교 시절 산수서부터 고등학교 시절 수학까지 진짜 진절머리가 날 정도로 싫었다. 왜 고등학교까지만 싫었느냐고? 그야 당연히 고등학교 졸업하고는 수학의 '수' 자도 쳐다보지 않았으니까 싫고 말고가 없던 거지.

학창시절 에피소드 하나. 고3 시절 담임선생님께서 한동안 30점대(물론 100점 만점)를 맴도는 나의 수학 성적을 보시더니 이대로는 안 되겠다며 집에서 수학 과외라도 받는 게 어떠냐는 말씀을 하셨다. 부모님께 한번 말씀드려 보라며. 선생님이 학원도 아닌 과외를 권하다니 그만큼 내 수학 성적이 처참했단 얘기다.

당연히 집에 가서 부모님께 이실직고했고 당시 약대를 다니던, 누나 친구의 동생인 형을 소개받아 약 3개월 동안 수학 과외를 받게 되었다. 그리고 나서 본 수능 시험의 결과는 대성공! 얼마나 대성공이었냐 하면 무려 '반타작'을 하는 쾌거를 이룬 것이었다. 내가 수학 시험을 절반이나 맞히다니! 그전까지의 성적을 미루어 생각해보면 그야말로 비약적인 발전인 거였다. 물론 그 뒤로는 앞서 말했다시피 수학 근처에도 가지 않았기에 수학과의 이별은 아이러니하게도 아름다운 기억으로 남아 있다. 이걸 박수 칠 때 떠났다고 해야 하나?

지금까지 장황하게 수학 얘기를 늘어놓은 이유는 지금부터 더욱 장황하게 내 자랑을 하기 위함이다. 그 자랑은 바로 수학 성적에 비해 국어나 영어 성적은 좋았다는 거다. 특히 국어는 잘하기도 하고 좋아하기도 한 과목이었다. 언제인지 정확하게 기억이 나지 않지만 고등학교 때 무슨 적성 테스트인가를 했는데 어휘력이 100%가 나와 놀랐던 기억이 있다. 다른 능력에 비해 어휘력이 유달리 높았던 거다.

어휘력 상승의 비결은 단어 쪼개기

나의 어휘 실력의 바탕은 무엇이었을까? 곰곰 생각해본 적이 있는데 비결은 다름 아닌 단어를 쪼개는 버릇이 아닐까 싶다. 단어를 쪼개는 버릇이 뭐냐고? 우리말 단어의 대부분을 차지하는 한자 단어를 말 그대로 한 글자씩 쪼개서 곱씹어보는 거다.

이를테면 이런 식이다. 소를 뜻하는 우牛 자가 있다고 하면 우시장牛市場은 소를 파는 시장, 우골牛骨은 소의 뼈, 우둔牛臀살은 소의 엉덩이살이란 뜻이겠구나. 우설牛舌은 소의 혓바닥, 우낭牛囊은 소의 주머니? 그럼...? 아~ 그거구나. 그거치고 이름이 되게 우아하네. 여기서 낭囊 자가 주머니를 뜻하니까 배낭背囊은 등 배背 자에 주머니 낭囊! 등에 짊어지는 주머니란 뜻이구나. 배낭이 그런 뜻이었어??

사자성어로까지 넘어가 볼 수도 있다. 낭중지추囊中之錐는 주머니 속에 송곳이란 뜻일 테고, 그리고 보니 얼마 전에 우보천리牛步千里라는 말을 들었는데 우보牛步는 소의 걸음이니 느릿느릿 걷는 거 겠고, 그런 걸음으로 천 리를 간단 뜻이니 천천히 서두르지 않는 걸 뜻하겠네. 잠깐! 그럼 경보競步는 걷기 경주고, 활보闊步는 대놓고 막 걸어 다니는 거? 아~ 그래서 만보萬步가 만 걸음이구나. 큰일이네, 오늘 만보 채우려면 30분은 더 걸어야겠네.

'이런 연습을 통해서 어휘력을 늘려야지!'라는 생각으로, 그러니까 이걸 공부라고 생각해서 한 건 절대 아니다. 어릴 때부터 그냥 혼자 멍 때릴 때도 이런 놀이 아닌 놀이를 자주 했던 것 같다. 덕분에 국어뿐만 아니라 한자 실력 향상에도 큰 도움을 받은 건 물론이고.

꼬리에 꼬리를 무는 단어 학습

아빠가 되고 나서도 나의 이러한 습관이 나쁘지 않은 것 같아 딸아이에게도 자연스럽게 전해주려고 하는 편이다. 가끔 어린이 신문을 같이 읽다가 특정 단어가 나오면 앞서와 같은 방법을 적용시켜 확장해 나가는 것이다.

역시 예를 들어 대한민국이라는 단어가 나왔다 치면 이렇게 적용해볼 수 있다.

"대한민국大韓民國에서 국國 자는 나라를 뜻해. 그럼 생각해보자 국기國旗는 뭘까? 힌트는 우리가 얼마 전에도 달았던 태극기太極旗야. 그래 맞아! 나라의 깃발을 뜻해. 그럼 국가國歌는? 나라의 노래! 여기서 가歌는 가요歌謠, 가수歌手할 때 가歌 자야. 노래를 뜻해. 그럼 국화國花는? 나라의 꽃. 우리나라의 꽃은 무궁화야. 여기도 꽃 화^花 자가 들어가지? 근데 여기서 말하는 국화는 하얀색 꽃 국화 하고는 다른 거야. 그건 나중에 설명해줄게."

이런 식으로 국민^{國民}, 국사^{國史}, 국왕^{國王}, 국내^{國內}, 국외^{國外} 등을 설명해준다. 그리고 나선 이번엔 슬쩍 국^國을 뒤로도 보내보기도 한다.

"자 그럼 전국^{全國}이라는 말은 뭘까? 맞아, 나라 전체라는 뜻이야. 또 뭐가 있더라... 맞다. 우리 재작년에 중국^{中國} 가봤지? 중^中 자는 가운데 중^中 자거든. 중국 사람들은 자기들이 세계의 중심^{中心}이라고 생각했나 보네. 무슨 자신감이지?? 그리고 미국^{美國}할 때 미美 자는 아름다울 미^美 자거든? 미인^{美人}할 때 미^美이기도 해. 옛날 사람들은 미국이 아름답다고 생각했나 봐. 근데 신기한 게 뭐냐면 북한하고 일본에서는 미국의 한자를 아름다울 미^美가 아니라 쌀미^米 자를 써서 미국^{米國}으로 쓴대. 재밌다, 그치?"

이런 식으로 계속 꼬리에 꼬리를 물면서 단어를 확장해 나가는 거다.

 아이의 엄지 척을 부르는 육아 꿀팁!

> 여기서 주의할 점! 아이가 조금이라도 지루해한다 싶으면 바로 멈춰야 한다는 것. 사실 여기에 이렇게 길게 풀어서 그렇지, 우리 집의 경우도 실생활에서는 두세 개만 설명하고 넘어가는 경우가 대부분이다. 아이의 집중력이 길지 않다는 걸 감안해 흥미를 잃지 않을 정도로 조절하는 게 중요한 것 같다.

몇 년 동안 이러한 노력이 빛을 발하는 건지 초등학교에 들어간 후 아이는 종종 국어 공부가 재밌다는 말을 하곤 한다. 물론 아이가 나중에 국어 점수를 100점을 받게 하기 위해서만 이러한 노력을 하는 건 아니다. 성적은 나빠도 좋으니 이러한 단어들을 많이 익히고 배워서 자신의 생각을 아낌없이 표현할 수 있는 사람으로 자라주기를 바란다. 당연히 상대방의 표현도 잘 알아들어야 할 것이고. 그렇게 되면 딸아이의 인생이 조금은 더 반짝거릴 수 있게 되지 않을까?

그나저나 최근 수학책만 들여다보면 한숨을 팍팍 내쉬는 딸아이의 모습을 보면 걱정이 들기도 한다. 아빠를 닮아 수학 머리가 없으면 어쩌나 하고. 엄마 닮았다는 핑계를 대려고 해도 아내는 수학을 좋아하고 잘했다고 주장하니 그러지도 못하겠고.

하기야 수학 그거 좀 못한다고 인생 뭐 얼마나 바뀌겠어?! 다만 이런 조그마한 바람은 있단다. 아빠처럼 수포자가 되어도 좋으니... 부디 초등학교 졸업 때까지만이라도 수학을 포기하지 말아 주겠니? 기본은 해야 하잖아 기본은...

영어 완전 정복?

어느 날 퇴근해서 집에 들어왔는데 어쩐지 분위기가 뭔가 여느 때와 다른 것 같았다. 평소 같았으면 문 여는 소리가 들리자마자 "아빠~" 하며 다다닥 뛰어와 안기는 딸아이였는데 그날따라 인기척도 없었다. 일찍 잠들었나 보다 하고 신발을 벗고 들어오려는데 어디선가 아이가 슬그머니 나타나더니 손가락으로 한쪽 벽을 가리키며 자기가 붙인 종이를 좀 보라고 했다.

그래서 뭔가 하고 봤더니 벽에 붙은 종이에는 딸아이가 직접 그린 그림이며 쓴 글들이 잔뜩 있었다. 현관에서부터 거실 벽까지 마치 무슨 시리즈처럼 여러 장이 순서대로 붙어 있었는데 걸어가면서 읽어보니 내용인즉슨 오늘 영어학원에서 있었던 일을 그림일기 형식으로 표현한 것이었다. 요약하자면 학원에서 쪽지시험을 봤는데 채점 결과 7명 중에 당당히 2등을 차지했다는 내용이었다. 그리고 마지막 장에는 시험을 잘 봐 기분이 좋았는지 기념으로 아빠에게 주는 쿠폰도 있었다.

평소 무용을 하는 터라 부모 입장에서도 사실 공부에는 그렇게 신경을 쓰는 편이 아니었고 아이도 특별한 욕심이 없는 편이었는데 영어를 통해서는 꽤나 재미를 느낀 모양이었다. 얼마 뒤 치른 다음 시험에서는 35문제 중 34문제를 맞혀서 1등을 하기도 했다. 사실 그때까지만 해도 별 관심도 없이 대수롭지 않게 생각했다.

자식 이기는 부모 없다

사실 어떻게 형성된 나의 교육관인지는 모르겠으나 난 아이가 공부를 정말 1도 하지 않아도 된다고 생각하는 편이다. 그 시간에 차라리 1분이라도 더 재미있게 노는 것이 긴 인생을 봤을 때 도움이 된다고 생각한다. 특히 입시만을 위한 교육은 절대 반대였는데 그래서 학원도 본격적인 공부보다는 예체능 쪽 위주로 보내기도 했다. 사실 내가 가진 이런 교육관은 아내의 생각과 전혀 달라 부딪치는 경우도 많았다. 아내는 그래도 기본은 해야 하는 거 아니냐는 거였고 내 입장에서는 도대체 그 기본이라는 게 뭐냐 억지로 시키다가 공부 자체에 대한 흥미가 떨어지면 어쩌냐라는 거였다. 그럼 다시 아내는 요즘은 학원 안 가면 같이 놀 친구도 없다고 말하고... 이런 식으로 계속 뱅뱅 도는 말싸움도 몇 번이나 했었다. 그러다가 감정이 격해지면 나는 이 변두리 동네에서 도대체 가르치면 뭘 얼마나 가르치겠다는 거냐? 그렇게 백날 해봐야 대치동 목동 애들 발끝에도 못 따라간다 등의 감정 섞인 말들을 내뱉는 경우도 있었다.

그래서 영어 학원을 보내겠다고 했을 때도 처음엔 반대했었다. 그러다가 곰곰 생각해보니 언어라는 건 공부이기도 하지만 삶을 윤택하게 하는 수단이 될 수도 있겠다 싶어 마지못하는 척 동의를 했었다. 솔직히 속으로는 어릴 때부터 영어유치원 다니는 애들이 수두룩 빽빽이고 더 나아가서는 외국에서 공부했거나 살다 온 애들, 아니 더더 나아가서는 영어를 모국어로 쓰는 애들이 전 세계에 몇 억 명은 될 텐데 단순히 영어공부 좀 한다고 우리 아이가 미래사회가 요구하는 더 나은 인재가 될 수 있을까 하는 그런 생각도 했었다. 그리고 앞으로는 실시간 자동 통번역은 일도 아닐 텐데 굳이 영어로 먹고 살 거 아니라면 벌써부터 힘들게 공부를 할 필요가 있나 싶기도 했다.

그런데 뜻밖에도 아이가 영어를 재밌어했다. 그렇다면 얘기가 달라졌다. 스스로 흥미를 느끼면서 한다는데 자식 인생에 훼방꾼이 되겠다고 다짐하지 않은 다음에야 그걸 말리는 부모가 어디 있겠는가? 옛말처럼 역시 타고난 자, 노력하는 자, 즐기는 자 중에 제일은 즐기는 자였나 보다. 본인이 흥미를 느끼고 하다 보니 학원 선생님께서도 얼마 지나지 않아 한 단계 업그레이드된 반으로 옮기자는 말씀을 하셨고 갑자기 수준이 올라간 탓에 따라가기 버거웠을 텐데도 집이며 학원에서 힘들게 보충 공부를 하면서까지 노력해서 옮긴 반에서도 1등을 한다는 소식이 들려왔다. 이렇다는데 아빠 된 입장에서 가만히 있을 수 없었다. 딸아이의 보충 공부를 도와줄 겸 영어를 좀 더 재미있게 공부시키고 싶었다. 그래서 몇 가지 방법을 생각했다.

아이와 재미있게 영어 공부하는 방법

언어는 결국 어휘력 싸움이 아니던가. 그래서 최근 가장 중점을 두는 부분도 단어 암기였는데 그 옛날 우리가 공부할 때처럼 종이에 열 번이고 백 번이고 반복해서 쓰면서 외우다간 금세 흥미를 잃을 것만 같았다. 그래서 암기에 있어 좀 더 재미있는 방법이 없을까 생각해 보았다. 우선 기본적으로 단어를 처음 설명해줄 때는 과장된 몸짓과 억양을 동원했다. 잘 이해가 안 간다고? 그냥 얼굴에 철판 탁 깔고 갖은 오바를 떨면 된다. 예를 들어 '깨물다'는 뜻의 bite가 나왔다고 치면 마치 사과라도 베어 먹는 양 입을 쩍 벌리고 "앙앙!" 소리도 내가면서 "바이트 깨물다 앙앙!" 몇 번이고 반복을 하는 거다. 한발 더 나아가 아이의 팔을 앙! 깨무는 척을 하면서 "바이트 바이트!" 이렇게 외치기도 하고. 썰렁할 거 같다고? 오바해서 몇 번이고 하면 아이는 웃게 마련이다. 앞서도 말했듯이 코미디의 주요 요소 중 하나가 '반복'임을 명심해야 한다. 실제로 아이는 엄마보다 아빠가 가르쳐주는 게 더 재밌다는 수강평을 남기기도 했다.

이와는 조금 다른 반복이긴 하지만 평소 생활에서도 한번 배운 표현은 가능하면 자주 사용하고 접하게끔 했다. 만일 'wake up'을 전날 공부했다면 꼭 그 다음 날 아침엔 "Wake up!"이라고 크게 외치며 아이를 깨웠다. 단어를 머릿속에 각인시키는 건 기본이고 덤으로 이렇게 깨우면 아이도 전날 공부한 게 생각나서 재미있는지 기분 좋게 일어나기도 했다.

그리고 단어 중 한 글자만 주고 스피드 퀴즈 형식처럼 맞혀보게도 했다. "a로 시작하는데 과일! 빨간색 과일인데 백설공주가 먹은 과일!" 하면 아이가 "a-p-p-l-e!" 하고 맞히는 식이다. 또는 십자 낱말 풀이나 서로 해당되는 것 선긋기, 영어 끝말잇기 등 갖가지 방법을 동원해서 가능한 지루하지 않게 해주려 노력했다. 그리고 내가 제일 자신 없는 발음의 경우에는 꼭 네이버 사전 같은 것을 켜놓고 원어민 발음을 몇 번이고 강조해서 들려주었다. 이러한 나의 노력도 조금은 영향을 끼쳤겠지 홀로 자부하면서 그 뒤로 학원에서 좋은 성적을 받아오면 괜히 혼자 뿌듯해하고 그러기도 했다. 앞으로 조금 더 시간이 지나면 내가 가르칠 수 있는 수준을 넘어서 가르치고 싶어도 그러지 못하게 되는 날도 올 것이다. 그전까지는 최대한 재미있게 아이와 영어로 놀아보고자 한다.

하지만 나의 교육관이 바뀐 것은 아니다. 어디까지나 아이가 재밌다고 하니 도와주는 것이고 언제라도 재미없다고 하면 뒤도 안 돌아보고 그만두게 할 생각이다. 하지만 앞서 언급한 것처럼 언어는 삶을 윤택하게 해주는 도구라 생각하기 때문에 모국어 외에 하나쯤 외국어를 익혀놓는 것도 나쁘지 않다고 생각한다. 몇 년 전 어느 책에서 이런 글을 읽은 적이 있다. '외국어를 공부하지 않는다고 해서 큰일이 일어나는 것은 아니다. 요리를 하지 못해도 자전거를 타지 못해도 컴퓨터를 하지 못해도 역시 큰일은 일어나지 않는다. 다만 그런 것들을 할 줄 알면 인생이 좀 더 다채로워질 수 있다'라는 내용이었다. 맞는 말이라고 생각한다. 그리고 아무리 나중에 AI가 실시간 통번역을 해준다고 하더라도 인간 대 인간의 직접적인 대화를 통해서 얻을 수 있는 교감이라는 것이 있을 테니까. 그리고 언어는 그 나라의 문화를 이해하는 데도 도움을 주기도 하니까. 누가 또 아는가? 나중에 딸 덕분에 해외여행 편하게 하게 될지.

끝으로 제일 처음에 소개했던 딸아이의 쿠폰 내용을 공개하면서 글을 마무리해보고자 한다. 마지막 종이에는 쿠폰이 두 장 그려져 있었는데 그 쿠폰은 바로 〈뽀뽀 4초 쿠폰〉과 〈껴안기 5분 쿠폰〉이었다. 세상에나! 아빠는 퇴근하자마자 로또를 맞은 거나 다름없었다. 장고 끝에 결국 4초 뽀뽀 쿠폰을 선택했고 이내 딸아이에게 가슴이 콩닥콩닥 뛰는 뽀뽀를 받게 되었다. 실례가 되지 않는다면 아이의 영어 학원 선생님께 이런 부탁을 드려볼까 한다.

"선생님! 쪽지시험 좀 자주 봐주세요!!"

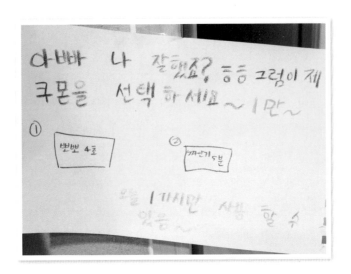

PD 아빠의 예능 육아

행사 · 이벤트
매해 연말이 되면

지금으로부터 십수 년 전, 당시 가깝게 지내던 형님이 계셨는데 그 형님의 생신을 얼마 남겨두지 않았을 때, 마침 크리스마스 즈음이기도 하고 연말이기도 해서 뭔가 조금 특별한 선물이 없을까 고민을 하게 되었다. 그러다가 문득, 하나뿐인 아들을 끔찍이도 사랑하셨던 '아들 바보' 형님을 위해, 아이의 사진을 모아서 포토달력을 만들어 드리면 어떨까 하는 생각이 들었다. 당시 인터넷에선 자기가 고른 사진을 직접 넣어 달력을 만들 수 있는 사이트들이 막 생기던 시기였다.

계획은 그럴듯했지만 처음부터 문제에 부딪쳤다. 나의 아이도 아닌데 사진들을 어떻게 구한다? 고심 끝에 찾아낸 방법. 당시 유행하던 싸이월드 사진첩을 일일이 뒤지기로 했다. 그렇게 사진을 모은 뒤 직접 포토달력을 편집해 선물로 드렸더니 뜻밖의 반응. 예상보다 훨씬 더 감동해하시는 게 아닌가. 돈이 그렇게 많이 들지도 않은 선물이었다. 선물은 역시 정성이 중요하다더니 그렇게 기뻐하시는 모습을 보니 스스로도 '아, 참 좋은 선물을 드렸구나' 하는 생각이 들었다. 나 자신이 참 기특했다. 어떻게 그런 신통방통한 생각을 했는지.

그로부터 한참의 시간이 흐른 뒤. 나의 아이가 태어났다. 그리고 역시 연말이 되었다. 그러자 그때의 기억이 다시 떠올랐다.

'그래! 이번에야말로 우리 아이를 주인공으로 멋들어진 포토달력을 만들어 보는 거다!!'

우리 아이 포토달력 만들기

우선 사진을 고르는 게 첫 번째 작업이었다. 사진이야 딸아이가 태어나자마자 부터 세상 어느 파파라치 부럽지 않게 일거수일투족을 담은 터라 절대 부족하지는 않았다. 오히려 촬영한 사진이 너무 많아 고르기가 힘들 정도였다. 편집이란 게 결국은 내가 원하는 그림을 고르는 작업인데 PD라는 직업 덕분에 마르고 닳도록 편집이란 걸 했지만 이렇게 내가 원하는 그림을 골라내기가 힘든 적이 있었던가 싶을 정도였다. 거의 하룻밤을 꼬박 새우다시피 해서 사진을 추려냈다. 이렇게 시간이 오래 걸리는 이유는 단순히 사진을 선택하는 것뿐 아니라 한 장 한 장 사진에 얽힌 추억들을 회상하는 데 시간이 더 오래 걸리기 때문이기도 했다.

그리고 다음으로는 편집 디자인 작업. 내가 원하는 배경 디자인을 고르고 월별로 사진을 배치하는 작업이다. 어떤 디자인을 선택하느냐에 따라 다르지만 보통 월별로 적게는 한두 장에서 많게는 대여섯 장의 사진이 필요하다. 말만들어도 복잡하다고? 걱정 마시라. 어지간한 포토달력 제작 사이트에 들어가면 초보자도 쉽게 해낼 수 있을 만큼 프로그램이 잘 갖춰져 있다. 그런데 어쩐지 심혈을 기울여 고른 사진을 대충 맥락도 없이 끼워 넣고 싶지 않았다. 그러다 생각해낸 게 사진을 촬영한 시기와 달력의 시기를 맞추는 것이었다. 이를테면 1월에 사진을 찍었으면 1월 달 칸에 사진을 집어넣고, 2월에 찍었으면 2월에 집어넣고 이런 식이었다. 그렇게 정리하니 어쩐지 계절감에 맞는 달력이 되는 것 같아 괜히 혼자 뿌듯해졌다. 기억하건대 그렇게 달력을 만들던 첫해에는 사진 고르는데 하루, 월별로 사진 배열하는 데 하루가 걸렸던 것 같다. 피곤했지만 그깟 피곤 따위가 뭐가 중요하랴. 아빠가 되고 나서 언제는 안 피곤했던가. 이렇게 행복한 피곤이라면 얼마든지!

모든 작업을 마치고 최종 인쇄 주문을 했다. 며칠이 지났을까? 드디어 도착한 세상 하나뿐인 내 딸아이의 달력! 모니터 화면으로만 보다가 실물 달력으로 접하니 감회가 더욱 남달랐다. 이 좋은 걸 우리 가족만 볼 수 없어 넉넉하게 만들어 양가 할아버지 할머니께 선물로 드렸더니 함박웃음을 지으며 좋아하시는 건 물론이요, 그때부터 1년 내내 할아버지 할머니가 가장 잘 보이는 곳에 손녀딸의 예쁜 얼굴이 가득한 달력이 놓여 있게 되었다.

사진으로 돌아보는 1년

그 후로 매해 연말이 되면 난 성스러운 마음으로 컴퓨터 모니터 앞에 앉는다. '그래. 올봄에는 아이 태어나고 처음으로 괌에 해외여행을 갔었지', '맞아, 여름에 참 더웠는데 양양 바닷가에 가서 재밌게 놀았어', '추석이라 한복을 처음 사 입혔는데 어쩌면 이리도 귀여울까' 등등. 사진을 고르다 보면 행복했던 시간들이 그야말로 주마등처럼 스쳐 지나간다. 어쩌면 달력이라는 결과물보다 달력을 만들기 위해 1년을 돌아보며 사진을 고르는 시간이 더욱 뜻깊고 행복하게 느껴지기도 한다.

얼마 전 기사에서 보았는데 영국의 한 엄마가 딸이 초등학교 입학했을 때부터 10년 넘게 매년 첫 등교일에 기념사진을 찍어왔다고 한다. 그 마음 충분히 이해하고도 남는다. 내가 아는 어느 가족은 벚꽃이 필 때면 매년 같은 장소에 가서 벚나무를 배경으로 아이들 사진을 찍어준다고 한다. 또 어느 가족은 매년 결혼기념일마다 사진관에 가서 멋지게 옷을 차려입고 가족사진을 찍는다고 한다. 이렇게 가족들마다 한 해, 한 해 시간이 지나는 것을 기념하기 위한 나름의 방식이 있는 것 같다. 이런 걸 루틴이라고 하던가? 우리 가족에겐 아이의 1년 생활을 포토 달력으로 남기는 게 루틴이 되었다.

달력이 쌓여 갈수록 아이는 커가고 우리 가족의 추억도 쌓여만 간다. 앞서 말한 형님의 아들은 벌써 입대를 해 군인 아저씨가 되었다. 우리 딸도 얼마 후면 눈 깜짝할 새에 어른이 되어 있을 것이다. 언제까지 이런 달력을 만들 수 있을까? 남들이 알아주지 않아도, 결국은 내가 만들고 아무도 관심을 가지지 않아 나 혼자 보게 될지라도 매해 연말 나만의 경건한 의식처럼 딸아이를 주인공으로 한 달력 만들기가 오래오래 계속되었으면 하는 바람이다.

지금 이 글을 읽고 있는 아빠 여러분! 이제부터라도 사진 열심히 찍으시고 그 사진으로 꼭 연말에 달력을 만들어 보세요. 1만~2만 원 정도만 있으면 후회하지 않을 만큼 멋진 우리 가족의 기념품이 남게 될 겁니다. 믿으세요. 자타공인 10년 딸바보가 보증하니까요!

#행사·이벤트
뿡뿡이를 만나다

이 세상 최고의 캐릭터가 무엇이라고 생각하는가? 디즈니의 미키 마우스? 마블의 히어로들? 그도 아니면 일본의 헬로키티? 각자 생각들이 있겠지만 나는 조금 다르게 생각한다. 최소한 아이를 키우면서 생각이 바뀌었다. 그것도 확고하게.

단언컨대 이 세상 최고의 캐릭터는 바로 뽀로로다. 뽀로로의 위대함은 아이가 2~3살이 지나가면서 뼈저리게 느낄 수 있게 된다. 뭐가 그리 기분이 나쁜지 이유를 알 수 없게 칭얼댈 때, 식당에서 겨우 밥 좀 먹으려고 하는데 도저히 아이가 틈을 주지 않을 때, 아이를 잠깐 혼자 두고 청소기를 돌려야 하거나 설거지를 하거나 아니면 급똥이라도 해결해야 할 때 등등. 이렇게 부모가 필요하거나 힘들 때마다 도움을 청하면 그야말로 짠하고 나타나서 아이의 관심을 끌어 얌전하게 해주고 가정의 평화를 찾아주는 주인공이 바로 뽀로로인 것이다.

거의 뽀로로 매직이라고 불릴만한 건데 정말 희한하게도 아이들은 뽀로로만 틀어주면 초집중 상태가 되며 얌전해진다. 옆에서 같이 보다 보면 어른들도 뽀로로나 크롱, 패티 같은 친구들의 팬이 되는 경우도 있다. 콘텐츠를 만드는 일을 하는 내 입장에서도 보면 뽀로로는 참 잘 만든 콘텐츠라는 생각이 든다.

지금 이 순간에도 뽀로로 덕을 보고 있는 부모들이 한둘이 아닐 것이다. 전 세계로 수출되고 있다고 하니 각국의 부모들이 뽀로로에게 고마움을 느낄 것이다. 저 유명한 서정주 시인이 지은 〈자화상〉의 시 한 구절을 빌리자면 '아이를 키운 건 8할이 뽀로로였다'라고 할 수 있다.

뽀로로 이야기는 이쯤으로 해두고. 뽀로로가 넘버 원이라면 넘버 투나 쓰리쯤 되는 캐릭터가 또 있다. 최근엔 펭수나 카카오 프렌즈 같은 캐릭터들이 쏟아져 나와 순위 변동이 있을 수도 있지만 내 마음속에선 최소한 그렇다. 바로 〈방귀대장 뿡뿡이〉다.

아이들의 마스코트 뿡뿡이

이 글을 쓰며 찾아보니 뿡뿡이의 역사는 2000년대 초반으로 거슬러 올라간다고 한다. 개인적으로도 뿡뿡이와 인연이 있는데 지금까지도 뿡뿡이의 목소리를 맡고 계신 성우님이 사촌형수님이시고 뿡뿡를 처음 기획한 PD님은 대학원 선배님이시기도 하다.

우리 딸아이도 뽀로로를 무척 좋아했다. 하지만 시간이 조금씩 지나면서 뽀로로에 조금은 싫증을 내기 시작했다. 많은 부모들이 그렇겠지만 우리도 최대한 아이에게 TV나 스마트폰을 안 보여주려고 노력했는데 육아를 하다 보면 그게 말처럼 쉬운 일은 아니다. 그래서 최대한 아이에게 덜 해롭고 도움이 되는 콘텐츠들을 찾아서 보여주려고 했다. 하지만 아무리 좋은 걸 보여주려고 해도 아이가 싫다고 하면 소용없는 일. 교육에도 도움이 되고 아이도 좋아하는 콘텐츠. 이런 까다로운 조건을 만족한 게 바로 〈방귀대장 뿡뿡이〉다. 언젠가 채

널을 돌리다가 우연히 뽕뽕이를 틀어주니 집중을 해서 잘 보았다. 노래도 따라 부르고 춤을 같이 추기도 했다. 아빠인 내가 보기에 내용도 여느 유튜브 키즈 채널 콘텐츠들과는 달리 무척 교육적이고 정돈되어 있었다.

사실 아이들은 똥, 오줌, 방귀 이런 것들을 특이나 좋아한다. 맥락 없이 뜬금 없이 "뿌직! 쉬~ 뿡~" 이런 말만 해도 까르르 넘어가는 경우가 대부분이다. 나중에 뽕뽕이를 만드신 선배 피디님의 말씀을 들어보니 기획 단계에서부터 이런 점들이 고려되었다고 한다.

아무튼 그 뒤로 한참을 뽕뽕이를 즐겨 보면서 지내게 되었는데... 그러던 어느 날 아이 옆에서 같이 보다 보니 스튜디오에 뽕뽕이가 나오는데 그 옆에 아이와 엄마들이 함께 방청객이자 출연자로 참여하고 있는 게 눈에 띄었다. 뽀로로와 같은 콘텐츠와 다른 뽕뽕이의 특화된 점은 바로 아이들의 참여가 가능한 것이었다. 기회만 닿는다면 아이가 콘텐츠 제작에 동참할 수 있다는 건 큰 장점이었다. 그렇다면 우리 딸아이도 뽕뽕이를 직접 한번 만나게 해줘야겠다. 아빠의 주책 회로가 또 분주하게 돌아가기 시작했다. 간단하게 검색을 해보니 홈페이지에서 출연 접수를 받고 있었다.

일단은 출연 신청부터 했다. 간단했다. 그리고 여러 루트를 통해 알아보니 당첨 확률이 그렇게 낮지는 않다고 했다. 참고로 해당 연령대는 36~50개월이라고 한다. 며칠 후 다시 홈페이지에 들어가 보니 당당하게 아이의 이름이 올라와 있었다. 당첨이 되어 출연을 하게 된 거였다. 나름 의미를 부여하자면 딸아이 생애 최초 TV 출연이었다.

뿡뿡이를 만났어요!

얼마 후 서울시 서초구(지금은 경기도 고양시)에 위치한 EBS 방송국에 〈방귀대장 뿡뿡이〉 출연자의 보호자라는 자격으로 가게 되었다. 여러 방송국을 다녀 보았지만 뭔가 세월이 느껴지는 것 같은 고풍스러운 분위기였다. 아이 한 명과 보호자 한 명 이렇게 짝을 이루어 출연하게 되었는데, 아빠인 내가 출연하고 싶은 생각도 아주 잠깐 했었지만 방송에 적합하지 않은 비주얼, 타사 PD 라는 한계, 그리고 대부분 엄마들이 함께 한다는 분위기 때문에 과감하게 욕심을 접고 매니저 역할에 만족하기로 했다.

한참을 기다리다가 출연자들에게 나눠주는 흰색 티셔츠를 입고 드디어 녹화 스튜디오로 입장. 20년 방송 짬밥을 살려 한 컷이라도 더 잘 나올 수 있는 자리가 어디일까 고민하다가 앉혔는데 결과적으로는 고민하나 마나였던 것 같기도 하고.

잠시 후 뿅뿅이와 함께 또 다른 주인공 짜잔형이 등장하고 본격적으로 녹화가 시작되었다. 나도 몇 번의 경험을 통해 잘 아는 사실이지만 아이와 동물처럼 의사소통이 원활하지 않은 대상을 출연시켜 녹화를 진행한다는 건 보통 일이 아니다. 그런데 확실히 노하우가 있어 그런지 뿅뿅이 제작진들은 능숙하게 아이들을 컨트롤하면서 진행을 무리 없이 이끌고 있었다.

사전 공지된 노래와 춤을 연습해온 터라 아이들 모두 노래와 율동을 잘 따라 했다. 그날의 주제곡은 '장난감을 갖고 놀다가~'라는 가사로 시작되는 〈그냥 두고 나갔더니〉였다. 결국 장난감 정리정돈을 잘하자는 얘기인 건데 중간 중간 노래와 콩트를 섞어 아이들 눈높이에 맞게 적절하게 이해를 시켜주는 것 같았다. 마침 우리 딸아이도 맨날 놀고 나서 장난감을 치우라는 잔소리를 듣고 있던 터라 시의적절한 주제기도 했다. 그러고 보면 그맘때쯤 아이들이 다 그런 것 같기도 하고.

그렇게 한 시간도 채 안 걸려 녹화가 마무리되었던 것 같다. 마지막엔 아이들이 모두 자리에서 일어나 무대 중앙으로 모이는 형식의 엔딩이었는데 자칫 잘못하면 난장판이 될 확률이 무척 높은 동선 구성이었지만 그래도 무난하게 잘 마무리되었다. 한편 그 모습을 보면서 우리 딸은 저럴 때 왜 좀 더 빨리 뛰어나와 몸싸움을 해서라도 센터 자리를 차지하지 못할까라는 생각을 잠깐 하기도 했다. 물론 쓸데없는 욕심이다. 끝나고 출연했던 아이들이 잠깐 동안 스튜디오에 남아 뿅뿅이와 짜잔형과 함께 하는 기념촬영 시간도 가졌다. 집에 돌아가며 딸아이에게 물어보니 무척 재미있었다고 했다.

다시 얼마간의 시간이 지나고 드디어 방송 날. 할아버지, 할머니들께는 당연히 미리 말씀을 드렸고 우리 가족들도 아침부터 본방사수를 했다. 고슴도치 아빠의 성에 차지는 않지만 그래도 꽤 자주 그리고 아주 예쁘게 TV에 나오는 딸의 모습을 보니 무척이나 흐뭇했다. 얼마 후 아내에게 지인으로부터 연락이 왔는데 우연히 봤다며 혹시 TV에 출연하지 않았냐고 물어왔다고 했다. 매스 미디어의 위력이란.

지금은 비록 코로나 때문에 불가능하지만 머지않아 〈방귀대장 뿡뿡이〉의 아이들 출연이 재개된다면 꼭 한번 신청해보시길 바란다. 아이와 색다른 추억을 만드는 계기가 될 것이 분명하니까. 참고로 〈모여라 딩동댕〉의 한 코너인 번개맨 방청도 아이들에게 인기가 높다. 경험에 따르면 번개맨 방청은 마치

뮤지컬 한 편을 관람하는 것 같은 재미를 주기도 하니 아이들이 분명 좋아할 것이다. 그리고 갈 때는 번개맨 또는 번개걸 티셔츠를 챙겨 입히는 것도 잊지 마시길!

행사·이벤트
우리 가족 동시대회

딸아이가 초등학교에 들어가고 얼마 되지 않았을 무렵. 아이가 공책에 적어 놓은 글귀를 발견하였다. 어찌 보면 단순 낙서 같지만 어쩐지 시 같은 느낌이 들기도 하는 뭔가 범상치 않은 글이었다.

사랑

사랑하면 떡 두 개
사랑하지 않으면
떡 한 개

간결한 문장 속에 사랑과 미움 그리고 인간의 본성에 대해서 이렇게 통찰력 높은 사고가 담겨 있다니. 하지만 곧 흥분을 가라앉히고 이건 아마 '미운 놈 떡 하나 더 준다'라는 속담의 단순 변형이겠거니 하고 넘어갔던 적이 있었다.

그로부터 몇 달이 지난 어느 날. 저녁에 퇴근하고 집에 와보니 아이가 갖고 노는 장난감 칠판에 글자가 몇 줄 적혀 있었다. 여느 때처럼 별 의미 없는 낙서를 해놓았나 보다 싶어 얼핏 봤는데 동시를 적어 놓은 것 같았다. 제목은 〈가을〉. 학교에서 동시를 배운다고 들었는데 수업 시간에 배운 시를 베껴 놓았다고 생각했다. 그런데 아이가 다가오더니 아빠에게 이렇게 물었다.

"아빠, 여기에 적힌 시 봤어?"

"응."

"어때?"

"응. 글씨 잘 썼던데? 학교에서 배운 시야?"

"아니, 내가 쓴 거다~"

뭐라고? 아무리 내가 고슴도치 아빠라고 하더라도 정말로 맹세코 교과서에
나오는 동시라고 믿을 정도로 시의 수준이 훌륭했다. 아마도 믿지 못할 여러
분들을 위해 전격 공개한다. 각자 판단해 주시기 바란다.

가을

살랑살랑 바람 불어서
오들오들 떠는 강아지

단풍잎 우수수 떨어져
단풍잎 위에서 폴짝

도토리가 데굴데굴 굴러가
다람쥐가 도토리를 잡으러
뛰어다니는 가을

가을 왔네!
진짜 진짜 가을 왔어!

아이에게 잘 썼다고 칭찬을 해주었더니 자기는 시 쓰는 게 그리고 읽는 게 재
미있다고 했다. 시가 재밌다니. 아빠는 40년을 훌쩍 넘게 살면서 한 번도 느
껴보지 못한 감정이었다. 결코 단 한 번도 시를 재미의 대상으로 생각해본 적

이 없었다. 시는 그저 교과서에 나오거나 시험 속 지문에서나 만날 수 있는 대상이었다. '님은 갔습니다'에서 '님'은 '빼앗긴 나라'였고 '성북동 비둘기'는 '문명에 의해 파괴된 자연'을 뜻할 뿐이었다.

그런데 아이가 시를 재미있다고 표현하다니 놀라울 따름이었다. 평소 책을 자주 읽는 습관 때문인가? 모든 아이들이 잠깐씩 갖는 호기심인가? 아니 어쩌면 아빠의 천부적인 국어 실력을 이어받은 것인가? 가만있어보자. 내 딸이 시인이 된다? 흠... 멋지긴 한데 요즘 시 써서 먹고살 만한가? 등등 생각이 또 쓸데없이 온 사방으로 펼쳐졌으나 이내 마음을 차분히 가다듬었다.

학교에서 동시를 배웠는데 수업 때 읽은 시들이 재미있었나 보다. 그리고 그맘때쯤 아빠와 함께 읽는 어린이 신문에서 정기적으로 어린이 독자들이 보낸 시가 실렸는데 그 시들을 보고 자기도 한번 써보고 싶다는 마음이 들었다고 했다. 그래서 아빠가 신문사에 대신 보내줄 테니 너도 한번 동시를 써보라고 했다. 며칠 후, 이번에도 역시 다음과 같은 세기의 명작이 탄생하였다.

변기

변기는 힘들겠다
똥 먹어서

변기는 힘들겠다
쉬 먹어서

변기는 힘들겠다
휴지 먹어서

변기는 힘들겠다
맛난 거 못 먹어서

이럴 수가! 변기를 의인화하다니! 무엇보다 그냥 스쳐 지나갈 법한 하찮은 소재에 감정을 이입시켰다는 사실이 놀라웠다. 살면서 변기가 더러운 휴지나 똥오줌만 먹느라 불쌍하고 힘들겠다고 생각해본 적이 있었느냐 말이다! 뭔가 느낌이 왔다. 조선시대 과거시험으로 치면 어사 박문수와 방랑시인 김삿갓이 쌍으로 울고 갈 장원급제 감이라고 생각하고 당당하게 신문사에 딸아이가 쓴 동시를 접수했다. 그러나 하루 이틀... 한 주 두 주... 시간이 지나도 감감무소식. 매일 아침 기대하는 마음으로 신문을 펼쳐 보았지만 결국 우리가 보낸 시는 소개되지가 않았다. 제대로 김칫국 드링킹.

그렇다고 풀 죽은 딸 앞에서 나까지 실망하는 모습을 보일 순 없는 법. "시에는 정답이 없어. 아빠는 정말 잘 썼다고 생각했는데 다른 사람은 다르게 생각할 수도 있는 거야. 그러니까 앞으로 다른 시를 또 써보자!" 이렇게 달래주었다. 그리고 시에 대한 흥미를 유지시켜주기 위해 서점에 가서 아이 눈높이에 맞는 동시집들을 사주기도 했다.

얼마 후 명절에 가족끼리 모인 자리에서 자연스럽게 앞서 언급한 에피소드들과 더불어 아이가 쓴 동시를 자랑삼아 소개하게 되었다. 한때 어린이 신문사에서 일했던 작은 누나가 이 얘기를 듣더니 이런 조언을 해주었다. 아이가 그렇게 시에 관심이 있으면 조금 더 적극적으로 시를 접할 만한 환경을 만들어주라는 것이었다. 이를테면 주제를 정해서 온 가족이 모여 동시대회 같은 걸 열어도 좋겠다고 했다. 역시 전문가는 전문가. 좋은 아이디어였다. 가족 동시대회라니 어쩐지 폼부터 났다. 당연히 실행에 옮겼다. 우리 가족, 한다면 하는 가족이니까.

어느 일요일 저녁. 실제로 우리 집에선 가족 동시대회가 열렸다. 시의 주제는 주최 측이자 아빠인 내가 정했다. 첫 대회인 만큼 주제 선정에 있어 고민에 고민을 거듭했다. 심사숙고 끝에 '오늘', '행복' 등 다른 후보들을 제치고 '가족'이 주제로 선정되었다. 아빠, 엄마, 아이. 셋이 거실에 앉아 각자 종이 한 장과 연필 한 자루씩을 쥐고 한동안 생각에 잠겼다. 얼마 후 작품이 완성되고 각자 돌아가며 자신의 시를 낭송한 후 엄정한 가족 투표를 거쳐 딸아이의 작품이 장원을 차지하였다. 부상으로는 엄마의 뽀뽀가 수여되었다. 이 자리를 통해 〈제1회 우리 가족 동시대회〉 영예의 장원 작품을 최초 공개하면서 이 글을 마무리하고자 한다.

가족

즐겁게 놀 땐 친구와 놀고
공부할 땐 선생님이 가르쳐 주시고

그럼 속상하고 힘들 땐
누구와 있을까?

그래
나의 하나뿐인
가족.

정말 끝으로, 어린이 신문 동시 담당자님. 잘 다듬어서 조만간 한 번 더 보낼 테니 꼭 관심 가지고 검토해봐 주시길 바랄게요.

아빠의 주책은 끝이 없다

대부분의 경우가 그렇겠지만 딸아이도 어렸을 때부터 그림 그리고 노는 걸 좋아했다. 참고로 난 그 대부분의 경우에 속하지 못했다. 그 옛날 국민학생 시절 동네 미술 학원을 다녔는데 다녀도 다녀도 실력 향상이 되지 않자, 보다 못한 학원 선생님께서 어머니를 부르셔서 아무래도 시간 낭비 돈 낭비 같으니 다른 학원엘 보내는 게 좋겠다는 말씀을 하셨을 정도다.

어쨌거나 아빠를 닮지 않고 미술을 전공한 엄마를 닮아서인지 아이는 어려서부터 그림 그리는 걸 좋아했다. 물론 어릴 때는 졸라맨을 닮은 낙서에 가까운 수준이었지만 시간이 갈수록 점차 사람의 형상을 갖추고 색깔도 다양하게 쓰는 걸 보면서 부모로서, 단지 부모로서 흐뭇하게 보는 그런 정도였다. 아무리 콩깍지가 씌었기로서니 '우와! 우리 딸 혹시 미술에 천부적인 소질이 있는 건가?' 이 정도는 아니었다는 거다.

어니와 레티의 탄생

어느 날, 여느 때와 같이 자기가 그린 그림을 아빠에게 자랑하러 가지고 온 우리 딸. 근데 그림이 평소의 그것과는 조금 달랐다. 뭔가 요즘 트렌디한 스타일의 그림이라고나 할까? 아니면 이런 캐릭터가 있다고 해도 믿을 정도라고나 할까? 우선 한눈에 보기에 그럴듯했다.

토끼와 사자의 그림이었는데 이름도 직접 지어왔다. 토끼는 '어니', 사자는 '레티'. 어떻게 이름을 지었냐고 하니 그냥 지었단다. 뭘 보고 그린 거냐고 하니 그냥 그리고 싶은 대로 그렸단다. 고슴도치 아빠 눈엔 어니와 레티가 한 손에 파란 풍선을 들고 있는 것까지 예사롭지 않았다. 오호! 처음으로 딸아이가 미술에 소질이 있는 건가 싶은 생각이 들었다.

어쩐지 이 그림은 오래도록 보관하고 싶다는 생각이 들었다. 일단 스마트폰을 꺼내 사진을 찍어뒀다. 한발 더 나아가서 종이에 그린 그림을 디지털화 해 파일로 남기고 싶었다. 친구 좋다는 게 뭔가. 아내의 오랜 친구가 마침 디자인 일을 하고 있어 그 친구에게 부탁을 해 간단한 컴퓨터 작업을 통해 파일로 완성. 어쩐지 점점 그럴듯해 보였다.

여기서 멈출 수 없었다. 이왕 이렇게 된 거 딸아이의 그림을 추억으로만 남길 게 아니라 공식적인 기록으로 남게 해주고 싶었다. 고민을 하다가 한국저작권위원회에 캐릭터로 등록을 하기로 하였다. 그리 복잡하지는 않았다. 신청 서류를 작성하고 캐릭터 설명글을 적은 후 몇만 원 정도 돈을 입금했던 것 같다. 얼마 후 집에는 한국저작권위원회의 저작권 등록증이 도착해있었다. 아내와 함께 흐뭇한 마음으로 저작권 등록증을 바라보며 이게 나중에 혹시 우리 딸 하버드 대학 갈 때 자료로 쓰일지도 모른다는 우스갯소리를 하기도 했다.

국가의 인정을 받았으니 이제 주변 사람들에게 선보일 단계였다. 어떤 방법이 좋을까 하다가 그림을 스티커로 만들어 주변 친구들에게 선물로 나눠주기로 했다. 인터넷을 통해 스티커 제작 업체를 검색하고 만들어 둔 파일을 전송하니 뚝딱하고 그럴싸한 스티커가 집으로 배송되어 왔다. 딸아이 생일에 답례품으로 친구들에게 나눠주었다. 반응은 좋았다. 할아버지 할머니들이 좋아하신 것은 말할 필요도 없고.

아이를 위한 굿즈 제작

여기서 멈추면 진짜 주책이 아니다. 이 그림을 기본으로 해서 뭔가 손에 잡히는 물건 같은 것을 만들어주고 싶었다. 그때 아이돌들을 위해 팬들이 만드는 굿즈가 있다는 사실이 떠올랐다.

아이돌 굿즈 상품들을 찾아보니 별의별 것들이 많이 있었다. 머그컵, 수건, 에코백, 포토카드, 텀블러, 폰케이스, 필통, 손거울 등등 닥치는 대로 다 만들어볼까 하다가 예쁜 쓰레기가 잔뜩 쌓일지도 모른다는 불안감에 의욕을 가라앉히고 우선 딸아이가 직접 입을 티셔츠를 만들어서 입혔다. 역시나 그럴듯했다. 이쯤에서 문득 그런 생각이 들었던 것 같다. 아이를 위한다는 건 핑계고 혹시나 내가 신이 나서 즐기고 있는 건 아닐까 하고. 뭐 아무렴 어때!

어쨌거나 현재까지 주책은 이 정도다. 여기서 한발 더 나아간다면 요새 많이들 쓰는 카카오톡 이모티콘을 만들어주고 싶기도 하다. 아니면 딸아이가 그린 그림에 아빠가 글을 써서 동화책을 만들어볼까? 행복한 상상은 끝이 없다. 어느새 머릿속엔 딸아이가 그린 그림이 유명 캐릭터가 되어 남은 여생을 저작권자로서 안락한 삶을 살아가는 나의 미래가 마구 떠오른다.

쓸데없는 상상이 길었다. 내가 이런 주책을 떨게 된 이유는 무엇보다 우리 아이가 남긴 그림을 세상에 자랑하고 싶다는 마음이 가장 컸던 것 같다. 앞으로 이대로 흐지부지 될 수도 있고 아니면 여러 가지 결과물을 다 만들어도 인생의 큰 변화 같은 건 없을 수도 있다. 다만 나의 이런 다채로운 주책이 오랜 시간이 지나 우리 가족의 좋은 추억으로 남았으면 하는 바람이다. 그리고 특별히 딸아이가 싫어하지만 않는다면 아빠의 신나는 주책은 계속될 것이다. 쭈~욱!

도전기
어니와 레티의 모험

앞서 글에서도 언급했다시피 딸아이가 그린 그림을 캐릭터화 해보고 싶다는 욕심이 있었다. 그래서 그 그림을 디지털화해 파일로 만들고 스티커를 만들고 저작권을 등록하기도 했었다. 그 이후 어떻게 하면 이것들을 활용해볼 수 있을까 생각하다가 동화책을 써보기로 했다.

글쓰기를 싫어하는 성격은 아니지만 갑자기 동화책이라니 막막하기만 했다. 그래도 유명한 동화 캐릭터들의 탄생 비하인드 스토리를 보면 우연한 기회에서 시작한 것들이 많은 것 같았다. 무엇이든 히트 상품에는 스토리텔링이 필수라고 하던데 '딸이 그린 그림에 아빠가 글을 썼다'라... 생각만 해도 멋지지 않은가? 그럼 무조건 GO!

어떤 동화책이 좋을까 하다가 3~5세 정도의 조금 낮은 연령대를 공략하기로 했다. 쉬워 보여선 아니다. 그리고 스토리가 중심인 것보다는 생활동화 쪽으로 방향을 잡았다. 간단해 보여선 아니다.

우선 캐릭터를 정리해야 했다. 주인공은 이미 정해져 있지 않던가? 드라마나 영화에서 인물 소개를 하듯이 어니와 레티의 캐릭터를 설정하기로 했다. 마침 어니와 레티가 파란 풍선을 들고 있는 것이 눈에 띄었다. 그래 이 풍선을 활용하면 되겠구나! 그래서 어니와 레티의 캐릭터는 이렇게 정리해 보았다.

어니를 통해서 주변 실생활에서 접할 수 있는 마트, 빵집, 미용실 등을 간접 체험하게 해주고, 레티를 통해선 세계 각국의 풍경이나 문화를 보여주면 되겠다 싶었다. 그래! 제목은 〈어니와 레티의 모험〉 쯤으로 해두자.

그리고 다시 고민. 어떤 이야기를 써야 할까? 천재적인 작가들은 역사에 길이 남을 명작들을 단숨에 쓴다고 하지 않았던가. 나의 경우에도 그리 오래 걸리진 않았다. 한 시간도 채 걸리지 않은 것 같다.

전 세계 최초 공개! 바로 지금! 이 자리에서 〈어니와 레티의 모험〉 그 첫 번째 작품! '어니, 빵집에 가요'를 소개하게 되어 큰 영광이다.

어니, 빵집에 가요

어니는 호숫가에 집을 짓고 사는 토끼예요.
아침이 되어 어니가 침대에서 잠을 깼어요.
"아~ 잘 잤다. 배고픈데 아침을 먹어야겠다."
어니는 아침밥을 먹기 위해 주방으로 갔어요.
그런데 먹을 것이 하나도 없었어요.
"어? 먹을 것이 하나도 없네. 빵이 먹고 싶은데...
그럼 지금 빵을 사러 가야겠다."

어니는 옷을 입고 집을 나왔어요.
아침 공기가 정말 상쾌했어요.
어니는 손에 쥔 풍선에게 이렇게 말했어요.
"파란 풍선아 나를 빵집으로 데려다줘."
그러자 어니의 몸이 두둥실 떠올랐어요.
풍선과 함께 날아가며 하늘에서 내려다본 풍경은 정말 아름다웠어요.
호수를 지나 숲을 지나 새들의 노랫소리를 들으며 콧노래를 부르다 보니
어느새 빵집에 도착하게 되었어요.

"안녕하세요~"
"어서 오세요~"
어니를 보자 빵집 주인이 반갑게 인사를 해주었어요.
"저, 빵을 사러 왔는데요."
"어떤 빵을 드릴까요?"
"음... 옥수수가 들어 있는 빵이 있나요?"
"그럼요! 갓 구운 옥수수빵이 여기 있습니다."
"와~ 냄새 좋다. 그럼 혹시 초코빵도 있나요?"
"그럼요~ 달콤하고 부드러운 초코빵이 여기 있습니다."
"아~ 맛있겠다! 그럼 혹시 딸기빵도 있나요?"
"네! 딸기가 듬뿍 올라가 있는 딸기 크림빵이 있습니다."
"잘됐다. 그럼 딸기 크림빵도 주세요."
"옥수수빵 한 개, 초코빵 한 개, 딸기 크림빵 한 개. 모두 세 개입니다."

"네. 옥수수빵 한 개, 초코빵 한 개, 딸기 크림빵 한 개 모두 얼마인가요?"

"옥수수빵 한 개 1,000원, 초코빵 한 개 1,000원, 딸기 크림빵은 1,500원입니다."

"옥수수빵 한 개 1,000원, 초코빵 한 개 1,000원, 딸기 크림빵은 1,500원...

그럼 모두 3500원이네요!"

"맞습니다. 3500원!"

"여기 1,000원짜리 세 장과 500원짜리 하나 드릴게요."

"1,000원짜리 하나 둘 셋... 500원짜리 하나... 모두 3,500원이네요. 감사합니다."

'그런데 빵 세 개를 한 번에 어떻게 들고 가지?'

어니는 걱정이 되었어요.

"봉투에 담아 드릴게요."

"아, 감사합니다. 안녕히 계세요~"

"네, 좋은 하루 보내세요~"

맛있는 빵을 세 개나 사서 기분이 좋아진 어니는 이렇게 말했어요.

"파란 풍선아, 나를 집으로 데려다줘."

그러자 풍선을 쥔 어니의 몸이 두둥실 떠올랐어요.

풍선과 함께 날아가며 하늘에서 내려다본 풍경은 정말 아름다웠어요.

숲을 지나 호수를 지나 따스한 바람을 느끼며 눈을 감고 가다 보니

어느새 집에 도착하게 되었어요.

집으로 들어가자마자 주방으로 가 식탁에 앉아 오늘 사온 빵들을 꺼내 보았어요.

'옥수수빵, 초코빵, 딸기 크림빵... 음 어떤 것부터 먹을까?

좋아, 딸기 크림빵부터 먹어야겠다.'

어니는 입을 크게 벌리고 딸기 크림빵을 한입 가득 베어 물었어요.

입 안 가득 상큼한 딸기향이 퍼지고 부드러운 크림이 정말 맛있었어요.

야~ 정말 맛있다. 빵집에 다녀오길 정말 잘했어.

어니는 아침부터 맛있는 빵을 먹어 정말 행복했답니다.

여러분도 어니처럼 빵을 좋아하나요?

어떤 빵을 좋아하나요?

그럼 내일 빵집에 가서 빵을 한번 사볼까요?

작품이 완성되자마자 떨리는 마음으로 내가 쓴 동화를 딸아이에게 읽어주었다. 한참을 귀를 쫑긋하고선 유심히 듣더니 딸아이가 눈을 초롱거리며 하는 말.

"아빠 재밌어!!"

아! 노벨 문학상을 받아도 이보다 기쁠 수는 없을 것이다. 다른 사람 다 재미없대도 딸아이가 재밌으면 장땡 아니겠는가? 어깨가 조금 우쭐해졌다. 그래, 내가 동화책 읽어주기 짬밥이 얼마인데... 자 이제 이런 식으로 동화를 계속 써야겠다. 그래 동화책이니까 그림 작가도 섭외해야겠네. 글과 그림의 수익 배분율이 어떻게 되더라? 출판사랑 계약도 해야 하는 거 아냐? 잠깐만! 구름빵 그 작가분도 계약 때문에 큰 손해를 봤다고 하지 않았나? 이거 이거 재주는 곰이 부리고 엉뚱한 사람이 돈 벌면 어떡하지? 근데 아무래도 이 동화는 인류의 보편적인 감성에 기초했기 때문에 글로벌 시장에서도 먹힐 거 같...

꼬리에 꼬리를 무는 생각 아니 주책들! 고백컨대 그 후 한 발짝도 진도를 나가지 못했다. 나는 늘 행동보다 생각이 앞서는 타입, 시작은 창대하였으나 그 끝은 늘 미약한 타입이었다. 하지만 절대 포기하지 않는다. 저 유명한 《해리포터》의 작가 조앤 롤링도 장장 몇 년 동안 작품에 매달렸다고 하지 않았던가!

전 세계 동화책 독자 여러분 조금만 더 기다려 주십시오! 세계 명작 동화 반열에 올라갈 작품 〈어니와 레티의 모험〉이 곧 여러분을 찾아갈 거니까요!! Coming soon~

도전기
캠핑의 맛

예전에 이런 우스갯소리가 있었다. 세상에서 제일 이해 안 가는 사람이 엄홍길 대장과 이봉주 선수라고. 왜냐고? 어차피 내려올 거 뭐 그렇게 힘들게 산을 올라가는 것이며, 어차피 돌아올 거 뭐 그렇게 힘들게 뛰어가냐는 것이었다.

나에겐 캠핑이 그랬다. 지금으로부터 7~8년 전 회사 동료들 사이에서도 캠핑 바람이 불고 있었다. 한두 번 캠핑을 다녀온 사람들은 점점 욕심내어 장비를 늘려가기 시작했고 심지어 한 후배는 거금을 주고 캐러반을 장만하기도 하였다. 심지어 그 친구는 얼마 후에 캐러반을 끌어야 한다며 차도 SUV로 바꾸었다. 다들 캠핑을 다녀오면 너무나 힐링이 된다고 했다. 도대체 뭐가 재밌느냐고 물어보면 가서 별거 안 하고 숯불 피워놓고 음악 들으며 앉아 있는 것만으로도 그저 마음이 편안해진다고 했다. 나중에 보니 그게 '불멍'이라는 거였다.

친한 선배가 주말에 캠핑을 간다고 하길래 이렇게 물은 적이 있다.

"형, 텐트 치는 거 힘들지 않아요?"
"힘들지. 한번 치고 나면 땀으로 샤워를 할 정도니까."
"근데 어차피 하루 만에 걷을 거 그렇게 힘들게 텐트 칠 이유가 있어요?"

이런 수준 낮은 질문에 그 선배는 이렇게 대답했다.

"그러게, 근데 그 맛이 또 있어."

맛이라... 아내의 맛도 아니고 **캠핑의 맛**이라... 경험해보지 않고서는 도저히 알 수 없는 맛이었다.

처음으로 맛본 캠핑의 맛

얼마 후 뜻밖의 계기로 캠핑을 경험하게 되었다. 내가 아닌 바로 딸 때문에. 모든 아빠들이 공감하겠지만 주말이면 아이를 데리고 무엇을 해야 하나 어디를 가야 하나가 가장 큰 고민이다. 그런데 캠핑을 가면 아이들이 별것을 안 해도 그렇게 재미있어 한다는 얘기를 들은 것이다. 그리고 특성상 1박을 할 수밖에 없으니 캠핑을 한 번 가면 주말 스케줄이 한 방에 정리된다는 장점도 있었다. 그래, 그렇다면 한번 가보자! 절대 놀아주기 귀찮아서가 아니다! 아이에게 다양한 경험을 선사함으로써 우리 사회에 이바지할 수 있는 성숙한 시민으로 자라날 수 있게 하는 전인교육 차원인 것이다!

하지만 결정적으로 텐트가 없었다. 승마를 하려는데 말이 없는 격이고 수영장에 가려는데 수영복이 없는 셈이었다. 듣자 하니 텐트뿐만 아니라 캠핑용 의자, 테이블, 코펠, 버너, 랜턴, 화로대 등등 하나하나 장만하자니 끝이 없었다. 그러던 중 우연히 알게 된 사실. 이 모든 게 한 번에 갖춰져 있는 곳이 있다고 했다. 그냥 몸만 가서 자고 나오면 된다고 했다. 바로 글램핑이었다.

당시에는 글램핑이 익숙한 단어가 아니었던지라 글램핑이라고 하면 무슨 특급호텔 같은 데서 운영하는, 하룻밤에 30~40만 원 하는 고급 숙박의 형태로 알고 있었다. 하지만 약간만 검색해보아도 저렴한 가격에 서울 인근에 시설 좋은 글램핑장들이 쏟아져 나왔다.

우선 경기도 포천에 있는 한 글램핑장을 목적지로 하고 아무 준비도 없이 그야말로 빈 몸으로 출발하게 되었다. 마침 5월 5일이기도 해 아빠가 벌인 어린이날 이벤트이기도 했다. 도착해 보니 정말 아무것도 준비 안 해가도 될 정도로 모든 게 구비되어 있었다. 흔히 다녀서 익숙했던 리조트나 펜션의 시설을 그대로 대형 텐트로 옮겨놓은 느낌이었다. 우선 텐트 칠 일이 없으니 한시름 덜었다.

그다음엔 드넓게 펼쳐진 잔디밭이 인상적이었다. 마침 차 안에 있던 비눗방울 장난감을 꺼내 한참을 갖고 놀았다. 배드민턴도 재미있었다. 그러다가 글램핑장 이곳저곳을 돌아다니며 구경을 했다. 터줏대감 같은 포스의 강아지와 인사도 나눴다. 우리 딸아이가 방방(트램펄린보다는 방방이라 불러야 어쩐지 더 재밌는 거 같다)을 그렇게 오래 탈 수 있는지 처음 알았다.

어느새 배가 고파질 시간. 사장님께 숯불을 붙여 달라 말씀드리고 근처 마트에서 사 온 두툼하게 썰린 돼지 목살을 철망 위에 올렸다. 캔맥주를 땄다. 노릇노릇 구운 고기 한 점에 시원한 맥주 한 잔. 아내와 아이도 맛있게 저녁을 먹어주었다.

그렇게 밤이 되어 아내와 아이는 잠을 자러 들어가고. 혼자 불 앞에 앉아 옛날 노래를 들으며 멍하니 앉아 있었다. 하늘에 서울 집에선 볼 수 없는 별이 촘촘히 박혀 있었다.

'아... 이게 캠핑 선배님들이 얘기한 아무것도 안 하고 그냥 앉아 있기만 해도 좋은 그런 순간인 거구나.'

캠핑의 맛을 알아버린 것이다.

그 뒤로 캠핑을 향한 어떤 운명의 이끌림이었는지는 모르지만 캠핑 장비를 모두 갖추고 있는 친구를 따라 더부살이로 캠핑을 가보기도 하고, 또 얼마 후에는 후배 하나가 갖고 있던 텐트와 장비들이 필요 없게 되었다며 캠핑 장비 일체를 공짜로 넘겨주기도 했다. 그 덕분에 우리 가족은 날이 좋으면 여기저기 좋다고 소문난 캠핑장을 찾아다니며 캠핑의 맛을 만끽하게 되었다.

그런데 정작 심각한 문제는 따로 있다. 딸아이가 머리가 커져서 캠핑 가기를 싫어하게 된 것이다. 잠자리 불편하고 화장실 불편하고 씻기도 불편하고 심지어 벌레가 많아 싫다는 납득 100% 논리적 이유를 들이댔다. 반박할 여지가 없었다. 그래서 이제는 아빠가 몇 날 며칠을 졸라 대야 연중행사로 한두 번 가줄까 하는 정도가 되었다. 당연히 아빠가 혼자 캠핑 가는 건 안 된단다. 이유 없다. 자식이 왕이니까 시키는 대로 하는 거다.

이제 누군가가 캠핑을 가면 뭐가 그리 좋냐고 나에게 물어오기도 한다. 그럼 난 예전에 나의 땅바닥 눈높이에 맞춰서 이렇게 간단하게 설명해준다.

세상 모든 레포츠가 어차피 가서 술 먹고 고기 구워 먹으려고 하는 거 아니겠어? 텐트 치며 땀을 흘리고 나서 꿀꺽꿀꺽 마시는 캔맥주 한 잔! 이 맛 때문에 가는 거지. 그리고 캠핑 가서 고기를 구우면 얼마나 맛있는지 모를걸?

벌써 군침이 돌지 않는가? 어서 코로나가 끝나고 맘껏 캠핑장을 다닐 수 있게 되길. 우리 아빠들, 캠핑장에서 만나면 시원한 맥주 한 잔 같이 하시자고요!

일곱 살 유치원생의 마라톤 도전기

대부분의 직장인들이 그렇겠지만 나 역시 하루하루 사는 것에 바빠서 건강 관리를 특별히 하지는 못하고 있다. 물론 핑계다. 건강 관리는커녕 불규칙한 식사에 고기에 술에 스트레스에 몸에 안 좋은 행동들만 골라한다 해도 과언이 아닐 것이다. 역시 핑계다.

당연히 운동으로 부를 만한 행위들도 거의 하지 않았다. 그래도 예전에는 일주일에 2~3회씩 동네 헬스장에 가서 러닝머신을 하는 척이라도 했는데 코로나 때문에 그마저도 그만두게 되고. 요즘엔 가끔 밤에 동네 한 바퀴 산책하는 정도? 워낙에 운동을 좋아하지도 않고 해본 적도 없는데다가 특히나 땀이 많은 편이라 격렬한 운동은 아무래도 피하게 된다.

자, 이제 이 정도 밑밥 깔았으니 나와 마라톤이 얼마나 상관없는 것인지 충분히 설명됐으리라 믿는다. 그런데 그런 내가 몇 해 전 마라톤 대회에 참가하게 되었다. 당연히 딸 때문이다. 물론 10km 단축 마라톤이었지만, 러닝머신 위에서도 절대 시속 7~8km를 넘기지 않을 정도로 뛰는 걸 안 좋아했던 내가 마라톤 대회에 참가할 줄이야.

마라톤 대회에 참가하다

평소 마라톤에 대해선 1도 관심 없었지만 몇 해 전부터 달리기 열풍이 불면서 마라톤 대회가 그야말로 '핫' 하다는 얘기는 많이 들었었다. 사람들이 모여 같이 몸도 풀고 가수가 와서 노래도 하고. 그리고 어쩜 운동하자고 모인 자리에 다들 그렇게 꾸미고들 오는지 마치 축제의 한 장면을 방불케 한다는 거다. 한마디로 '트렌드'라고 했다. 그래? 그렇다면 그 좋은 경험을 우리 딸을 안 시켜볼 수 없지 않겠는가? 좋다. 한번 가보는 거다!

마침 역사와 전통을 자랑하는 동아마라톤대회가 열리는 시기였다. 당연히 42.195km 풀코스는 아니고 10km 코스가 있었다. 들어보니 10km 정도는 시간 욕심만 내지 않는다면 어지간한 사람은 완주가 가능하다고 했다. 근데 문제는 딸의 나이가 겨우 일곱 살이라는 거. 유치원생도 10km 마라톤이 가능할까? 정 안되면 둘러업고라도 뛰어야겠다는 생각도 했다. 딸내미의 다양한 경험을 위해서라면 10km 아니라 100km는 못 뛰쏘냐! 사전에 코스를 살펴보니 올림픽 공원에서부터 잠실운동장까지로 잡혀 있었다. 마침 처가가 근처여서 자주 다니던 곳이라 대충 거리를 가늠해보니 그 정도는 해볼 만하다는 결론이 내려졌다. 까짓 거 한번 해보는 거지 뭐!

드디어 마라톤 대회 당일. 아침 일찍 일어나 대회장인 올림픽공원에 도착해보니 아침 댓바람부터 다들 어디서 이렇게들 왔을까 싶을 정도로 정말 수없이 많은 사람들이 형형색색 옷을 입고 나와 몸을 풀고 있었다. 동호회에서 단체로 나온 사람들, 유모차를 끌고 나온 사람, 강아지를 데리고 나온 사람 등등 각양각색이었다. 그런데 어쩐지 다들 표정이 밝고 활기차 보였다. 이 틈에 껴있다는 것만으로 벌써 에너지가 샘솟고 조금은 건강해진 느낌?

맨 앞 사회자의 구령에 따라 다 같이 스트레칭을 한 후 예정된 시간이 되자 드디어 그룹별로 10km 마라톤 출발!! 처음에는 걱정을 많이 했는데 이게 웬일. 생각보다 딸아이가 너무 잘 뛰는 게 아닌가. 약 2km 지점까지 비록 빠른 속도는 아니었지만 한 번도 안 쉬고 뛰는 것이었다. 대견했다. 하지만 절대 무리할 필요는 없는 법. 어차피 기록 경신하고 우승하기 위해 나온 건 아니니까. 페이스대로 뛰다가 걷고 싶으면 걷고 쉬고 싶으면 쉬고 했다. 유사시 중간에 빠져나와 대중교통을 이용할 생각도 있었다.

걷다 뛰다 쉬다 하다 보니 어느새 중간 지점인 5km를 지나가고 있었다. "어라? 이거 잘하면 정말 완주도 할 수도 있겠는데?" 욕심이 생기기 시작했다. 그런데 그때부터 아내는 나에게 눈치를 주기 시작했다. 아직 어린애인데 무리하게 하다가 자칫 병이라도 나면 어떡하냐는 것이었다. 하지만 이상했다. 평소에는 애가 조금이라도 아플 일이라면 펄쩍 뛰며 안 된다고 나서는 나인데도 이상하게 그날은 조금 무리가 가더라도 완주를 시키고 싶은 마

음이 들었다. 괜한 승부욕인지는 몰라도 노력해서 끝까지 이뤄내는 성공의
경험을 주고 싶었달까? 중간중간 자원봉사자들이 건네는 음료수도 마시며
많이 힘들면 아예 바닥에 철퍼덕 앉아서 한동안 쉬기도 하면서 그렇게 조금
씩 조금씩 앞으로 나아갔다. 사실 어느 순간부터는 터덜터덜 걸었다는 표현
이 맞을 것이다.

그만 뛰고 싶다고 칭얼대는 아이를 격려하며, 그만 뛰게 하자고 설득하는
아내를 말려가며 오다 보니 드디어 멀리 잠실 운동장이 보이기 시작. 그런
데 문제는 달리는 시간이 너무 길어지다 보니 교통통제를 마냥 계속할 수
없었다는 것이었다. 맨 꼴찌 격인 우리가 지나가면 뒤이어 따라오는 경찰차
가 일반차들에게 도로를 열어주는 모양새였다. 아 부담스러워라! 민폐다 싶
어 그만두고도 싶었지만 뒤에 경찰차가 마치 우리를 호위해주는 것처럼 따
라와 주고 "힘내라 꼬마!", "대단하다!!"라며 손뼉 쳐주고 응원하는 분들도
있다 보니 '그래, 조금만 조금만 더 가보자'는 생각으로 독려를 하였다.

그렇게 한발 한발 나아갔고 결국 마지막 결승점 테이프가 보이니 환한 미소를 보이면서 마지막 힘을 내어 달리기 시작하는 우리 딸. 드디어... 드디어... '설마 완주하겠어?'라는 생각을 뒤엎고 우리 가족은 1시간 53분 4초의 기록으로 결승테이프를 통과하게 되었다. 이런 게 성취감일까 싶었다. 물론 딸아이 본인이 가장 크게 느꼈을 것이다. 힘들어도 지쳐도 꾸준히 하다 보면 언젠가 달콤한 마무리가 있다는 지극히 평범한 진실. 일찍이 SES도 노래하지 않았던가. 틀림없이 끝이 있다고. 끝난 뒤엔 지겨울 만큼 쉴 수 있다고. 인생이 뭐 그런 거다.

결승점을 통과하고 주최 측에서 주는 바나나며 빵 같은 간식을 맛있게 먹고 완주 기념 메달을 받고 기념사진도 찍었다. 당연히 끝난 다음엔 신천에 가서 고기를 먹으며 가족끼리 첫 마라톤 자축 뒤풀이도 했다. 정작 그다음 날 딸아이는 쌩쌩하게 돌아다닌 반면 늙고 약해빠진 아빠는 삭신이 쑤셔 며칠 동안 제대로 걷지도 못했다는 슬픈 전설이...

인생은 마라톤이란 말을 많이 쓴다. 딸아이에게 개인적인 바람이 있다면 남들보다 빨리 갈 필요는 없으니 원하는 만큼 즐기면서 인생이란 마라톤에 임했으면 하는 바람이다. 당연히 중간에 이 길이 아니다 싶으면 다른 길로 갈아타도 된다. 쉬어가도 되고 물을 마셔도 되고 이상하다 싶으면 조금 뒤로 되돌아갔다가 다시 나아가도 된다. 하지만 이것만은 꼭 기억해줬으면 한다.

네가 가는 모든 길에 아빠가 있을게.

밀어주기도 하고 당겨주기도 하고

아니면 멀리서 응원하기도 하면서

늘 지켜볼 테니까 걱정하지 말고 천천히

그리고 뚜벅뚜벅 한 발씩 앞으로 나가보자!

도전기
농사나
짓고 살아야지

도시에서 직장생활을 하는 사람들이 힘들 때마다 흔히들 내뱉는 말이 있다. "다 때려치우고 시골 가서 농사나 짓고 살아야지." 이 말이 얼마나 어리석은 말인지 내 나이 마흔이 넘어서야 깨닫게 되었다.

평소 귀농이나 농사 같은 것들에 전혀 관심이 없었다. 솔직히 말해 도시에서만 나고 자란 서울 촌놈인지라 초록색 풋고추와 빨간 고추가 다른 품종의 고추인 줄 알았을 정도로 농작물이나 농사에는 일자무식이었다. 그러다 정말 우연한 기회에 '농사'라는 걸 짓게 되었다. 어느 날 구청에서 진행하는 주말농장 프로그램이 있다는 소식을 접하게 되었다. 신청 후 당첨이 되고 3만 원만 내면 1년 동안 조그마한 땅을 분양받아 경작할 수 있는 기회가 생긴다고 했다. 집에만 있기는 답답하고 그렇다고 매 주말마다 어디 돌아다닐 곳을 찾는 것도 마땅치 않던 차였다. 농사를 통해서 딸아이에게 자연의 섭리, 생명의 소중함 뭐 그런 거창한 교육을 할 수 있지 않을까 하는 노림수도 있었다. 그리고 이때까지만 해도 '농사 뭐 그까이꺼 대충 씨 뿌리고 나서 가끔 물이나 주면 저절로 크는 거겠지' 하는 안일한 생각이 강했었다.

그런데 문득 나보다 먼저 아이와 함께 주말농장을 경험한 한 후배가 언젠가 한숨과 함께 내뱉었던 말이 떠올랐다.

"아유~ 형, 농사 그거 만만치 않아요."

만만치 않다고? 뭐 그렇다고 부딪쳐보지도 않고 그만둘 수는 없는 거 아니겠는가?

첫출발은 나쁘지 않은데?

아직 찬기가 가시지 않아 쌀쌀했던 3월 어느 토요일. 집에서 그리 멀지 않은 김포공항 근처 서울의 가장 끄트머리 동네인 오곡동에 있는 주말농장을 처음으로 찾게 되었다. 사전 안내사항을 읽어 보니 그날 오면 씨도 뿌리고 간단하게 사전교육도 받을 수 있다고 했다. 도착해보니 이미 꽤 많은 사람들이 나와 있었다.

우선 우리 땅에 가보았다. 각 구역마다 번호가 매겨져 있었는데 우리는 251번이었다. 인생 처음으로 가져보는 내 땅! '아, 땅을 갖는다는 게 이런 기분인 건가?'라는 쓸데없는 생각은 잠시만 했다 곧 접었고 이내 어떤 작물을 키워야 할까로 고민이 시작됐다. 우선 여기저기 귀동냥으로 듣기에 상추가 가장 빨리, 가장 잘, 그리고 가장 쉽게 키울 수 있다고 해서 첫 번째로 선택. 그리고 우리 가족이 평소 즐겨 먹는 감자와 당근을 선택했다. 주말농장 한편에 모종과 씨를 파는 분이 계셨는데 그분의 추천이기도 했다.

우선 땅 고르기 작업을 해야 했다. 땅을 한 번씩 뒤엎어 골고루 섞어 준다는 표현이 더 적합할 것 같다. 비료도 사다가 뿌렸다. 호미나 삽, 물뿌리개 같은 도구는 농장 한편에 준비되어 있어서 자유롭게 빌려 쓸 수 있었다. 한쪽 구석에 상추(모종)를 심고 차례대로 감자와 당근 씨를 뿌렸다. 이렇게 해서 첫날 작업 마무리. '농사 뭐 별거 아니구먼.' 첫출발은 나쁘지 않다고 생각했다.

그로부터 일주일 후 다시 주말이 되어 농장을 찾아가 보니 손톱만큼 새싹이 올라와 있었다. 놀라웠다. 딸아이도 신기한 듯 한참을 바라보았다. 순조로운 진행이라고 생각했다. 그때까지도 딱히 힘든 일은 없었다. 차로 20~30분만 타고 나와도 이런 시골 느낌이 나는 곳이 있다니 뭔가 리프레시되는 느낌이었다.

역시 세상에 쉬운 일은 없다

그렇게 무탈하게 농사가 쭉 진행될 거라고 생각했던 나의 생각은 4월이 지나고 5월쯤 접어들자 무참히 깨지기 시작했다. 우선 당연한 얘기지만 날씨가 너무 더웠다. 게다가 역시나 당연한 얘기지만 농사를 짓는 땅이다 보니 햇빛을 피할만한 그늘이 없었다. 조금만 움직여도 땀이 비 오듯 흘렀다.

생각보다 농사란 게 참 손이 많이 가는 작업이었다. 세상에 그렇게 잡초가 다양하고 많고 번식력이 좋은지 처음 알았다. 갈 때마다 뽑는데도 다음 주에 가면 어김없이 자라나 있었다. 뿌리째 뽑지 않고 귀찮다고 대충 중간을 끊어 놓으면 금방 다시 자라났다. 내 통장에 돈이 잡초처럼 잘 불어나면 얼마나 좋을까 생각도 했었다.

그리고 또 농사에서 힘들었던 점. 자세가 안 나왔다. 굵고 짧은 하체를 지닌 덕에 평소 쪼그려 앉는 자세를 할 기회가 많이 없었는데 농사의 기본 자세는 쪼그려 앉기였다. 쪼그리기 힘들어서 다리를 펴고 허리를 숙이면 허리가 끊어질 듯이 아팠다. 이러지도 못하고 저러지도 못하는 상황. 불행 중 다행인 건 아내가 생각보다 농사에 최적화된 사람이었단 거였다. 어차피 도시에서 나고 자란 건 마찬가지였지만 기술이나 끈기 면에서 나를 압도하기에 충분했다. '그래, 뭐든 잘하는 사람이 해야지.' 언젠가부터 나는 아내가 뽑아놓은 잡초를 갖다 버린다거나 물을 길어온다거나 하는 등의 조수 역할을 하는 데 만족해야 했다. 아니, 정말 조수 역할이 만족스러웠다.

주말농장이 주는 소소한 행복

주말농장이 힘들고 짜증나기만 했던 건 당연히 아니다. 제일 기다려지는 순간은 그날의 농사를 마치고 나서 손을 씻고 옷과 신발에 묻은 흙이며 먼지들을 털어낸 후 한편에 마련된 평상에 앉아 집에서 싸온 음식을 먹을 때였다. 잿밥에 더 관심이 많다는 표현은 이럴 때 쓰는 걸 거다. 농사 후 맛있게 먹으려고 유부초밥도 만들고 김밥도 싸고 곁들여 먹으려고 된장국을 끓여 보온병에 담아 가기도 하고 어느 날은 수박도 잘라가고 딸아이가 좋아하는 과자를 싸가서 먹기도 했다. 그러고 보니 이런 걸 새참이라고 하는 거였다. 꿀맛이었다.

먹는 얘기가 좀 길어지는 것 같지만 이 얘기는 안 하고 넘어갈 수가 없다. 상추를 선택한 건 정말 탁월한 선택이었다. 참으로 쉽게 그리고 빨리 자라 주었다. 사람들이 흔히 말하는 '상추 키워서 먹어 보면 마트에서 상추 사 먹기 힘들다'는 말이 무슨 말인지 이해할 수 있었다. 지금도 마트에 가면 '상추 겨우 저만큼 사려고 돈을 내야 하나' 싶기도 하다. 직접 키운 상추를 먹느라 매주 주말마다 고기를 사다 맛있게 구워 먹었다. 소와 돼지를 넘나들며 삼겹살, 목살, 안심, 등심, 차돌박이 종류를 가리지 않고 구웠다. 이는 곧 가족의 화목과 평화로 이어졌다.

그리고 원래 의도했던 대로 주말마다 갈 곳이 있다는 사실은 적당한 긴장감을 주기에 충분했다. 비가 와도 가야 하고 어디 볼일이 있어 다른 곳을 가야 할 때도 잠깐이라도 농장에 들렀다가 가려고 했다. 이런 걸 통해서 책임감이란 걸 가르쳐 줄 수 있었던 것 같다. 또 씨를 뿌리고 새싹이 나고 또 그 싹이 자라 열매를 맺고 하는 과정을 눈앞에서 실시간으로 볼 수 있다는 것도 아이에겐 소중한 경험이었을 거다. 농사를 짓는다고 해봐야 아이는 그저 미니 호미를 가지고 깔짝대는 수준이었지만 그 과정을 통해 태어나고 자라고 늙고 병들고 죽는다는, 생명이라면 그 어느 것에게나 적용되는 세상의 이치를 어렴풋이나마 깨달았을 것이다.

그렇게 시간이 지나고 감자와 당근도 수확할 시기가 왔다. 감자는 생각보다 알이 굵게 잘 자라주었고 당근은 씨를 뿌릴 때 간격을 너무 촘촘하게 했던 탓인지 크기가 실하지는 못했다. 그래도 우리 가족이 실컷 먹고도 남을 양이어서 가족들과 주변 지인들에게 나눠주며 소소한 기쁨도 느낄 수 있었다.

정확한 이유는 모르겠지만 우리 가족의 주말농장 체험은 그해가 처음이자 마지막이었다. 한 해 동안 충분히 경험해서였을까? 가족 중 그 누구도 내년에 또 하지고 하는 사람이 없었다. 나도 낭연히 평생 지을 농사는 충분히 지어보았다고 생각했고.

하지만 기억은 시간이 흐를수록 아름답게 포장되어 추억이 되는 법. 요즘은 가끔 이런 상상도 해본다. 나중에 나이를 먹어 은퇴를 하고 딸아이도 장성해 자기 살길을 찾아 나서고 나면 한적한 시골에 집을 짓고 조그맣게 농사도 지으며 살고 싶다고. 갓 딴 상추와 깻잎에 고기를 싸 먹고 쌈장에 풋고추를 푹 찍어먹으면 참 맛날 것이다. 물론 맥주도 시원하게 한 잔 곁들여야 하고. 그런 아름다운 인생 후반전을 위해서 아내가 지금부터 건강 관리를 잘해주었으면 한다. 농사를 지으려면 건강과 체력이 필수일 테니.

물론 농담이다. 괜히 우리 아내에게 전하지 마시길!

요리
세상에서
가장 듣기 좋은 소리

어린 시절 어머니께서는 내가 라면을 먹겠다고 할 때마다 이런 말씀을 하셨다. "몸에도 안 좋은 걸 왜 자꾸 먹어!" 물론 난 이런 타박에 아랑곳 않았다. "맛있는 걸 어떡해!"라며 죽어라 말을 안 듣고 때마다 라면을 먹었다. 하지만 자식을 낳고 부모가 되고 보니 어머니가 왜 늘 그런 말씀을 하셨는지 정확하게 이해할 수 있었다. 내 새끼 입에 조금이라도 좋지 않은 것이 들어가는 것은 참을 수가 없었다. 좋은 것만 찾아 먹여도 모자랄 마당에 하물며 라면이라니!

그 옛날 어디선가 이런 말을 들었던 것이 기억에 남는다.

"세상에서 제일 듣기 좋은 소리는 가문 논에 물 대는 소리와 내 새끼 입에 맛있는 거 들어가는 소리다."

당시 어린 나로서는 그 말의 의미를 정확하게 이해하진 못했지만 어렴풋이 그 뉘앙스는 짐작할 수 있었다. 그리고 이제는 그 말뜻을 100% 이해한다. 실제로 내 아이가 먹는 음식만큼은 맛있게 그리고 건강하게 직접 해먹이고 싶었다.

세상에서 가장 아름다운 모습

사실 1남 2녀 중 막내로 자란 나는 '귀남이'였을 것만 같다는 예상과 달리 어린 시절부터 부엌일이 아주 익숙했었다. 무슨 선견지명이신지는 모르겠지만 어린 시절 어머니께서는 "나중엔 남자도 다 할 줄 알아야 할 거다."라며 가족들이 다 모여 TV를 보는 주말 저녁에도 막내아들에게 설거지를 시키기도 하셨다. 설거지뿐만이 아니었다. 초등학교 고학년 무렵부터는 도넛을 튀겨 먹거나 볶음밥 정도의 요리는 뚝딱해먹는 정도의 실력이 되어 있었다.

사실 지금도 나에겐 요리나 설거지 같은 주방 일이 전혀 스트레스로 느껴지지 않는다. 오히려 하고 있으면 마음이 차분해진다고나 할까? 그런 까닭에 자연스레 아이가 먹는 음식을 만드는 일도 주로 나의 몫이 되었다.

그렇다고 매일 거창한 요리를 한 건 아니었다. 큼직한 참치살이 들어간 김치찌개를 끓이고, 스팸을 잘게 썰어 넣은 계란말이를 하고, 아몬드 같은 견과류를 넣어 멸치를 볶고, 어묵볶음에, 감자조림에, 떡볶이에... 냉장고에 이것저것 재료들이 남아 있다 싶으면 몽땅 부어 주먹밥을 만들어 먹기도 했다. 아빠가 만든 음식을 먹으며 엄지 척을 하는 딸의 모습을 보면 그렇게 뿌듯할 수가 없었다. 내 새끼 입에 맛난 거 들어가는 모습은 역시나 세상에서 가장 아름다운 모습이었다.

그래서 요즘도 점심을 먹으며 '저녁엔 사랑하는 딸을 위해 어떤 요리를 할까' 고민하고 또 뭐가 먹고 싶냐고 딸에게 물어보곤 한다. 이런 마음도 몰라주는 무정한 딸은 아빠에게 이런 일침을 날린다.

"아빠, 먹는 얘기 좀 그만해! 밥 먹고 있는데 또 무슨 먹는 얘기를 해?!"

딸아! 이 세상 제일 듣기 좋은 소리가 내 새끼 입에 맛있는 거 들어가는 소리래. 앞으로도 맛있는 거 많이 해줄게!!

요리
오늘은 내가 요리사

앞서도 밝혔듯이 개인적으로 요리하기를 즐겨한다. 기특하게도 설거지하는 것까지 즐기는 편이다. 변태적인 습성처럼 느껴질지도 모르겠지만 하루 종일 회사일로 이리 치이고 저리 치여 피곤하고 짜증도 많이 난, 한마디로 스트레스를 많이 받은 날엔 요리를 하면서 그 스트레스를 풀기도 한다. 요리라고 해봐야 거창한 것은 아니고 다음 날 딸아이가 먹을 반찬이나 국 같은 것을 만드는 건데, 집중해서 재료를 다듬고 자르고 지지고 볶고 끓이다 보면 마음이 맑아지는 기분이다. 머릿속이 깨끗하게 비워진다고나 할까? 물론 다 만든 요리를 맛보며 녹슬지 않은 나의 실력에 감탄하는 재미도 있다. 심지어 요리를 하느라 여기저기 어질러 놓은 접시와 조리기구들을 마지막에 깨끗이 설거지하면서 쾌감을 얻기도 한다. 변태 맞다.

이런 아빠 밑에서 자란 덕인지 언젠가부터 아이는 자기도 직접 요리를 하게 해달라고 조르는 날이 많아졌다. 그래서 돈을 내고 체험할 수 있는 피자나 케이크 만들기 등의 원데이 클래스도 수강해봤지만 매번 그러기에는 한계가 있는 터. 아예 집에서 간단하게 요리 체험을 하게 해 주면 어떨까 하는 생각을 해봤다. 어렸을 때이니 불 앞에서 해야 하는 요리는 가급적 피할 수밖에 없어서 어떤 요리가 좋을지 고민을 했던 것 같다.

지금부터 수년간의 고민과 수차례 실험 끝에 세상에 빛을 보게 된 〈우리 아이의 요리 입문에 좋을 요리 리스트〉들을 소개해보도록 하겠다. 우선 염두에 두어야 할 사항은 처음부터 완성단계까지 풀코스로 체험을 하게 할 필요는 없다는 것이다. 아이에겐 완성의 기쁨도 중요하지만 각 단계별로 자기가 무언가 기여했다는 만족감도 무시하지 못하는 것이기 때문이다. 적어도 우리 아이는 그랬다.

우리 아이가 입문하기 좋은 요리 1

첫 번째 추천 요리는 **수제비**이다. 비 오는 날이나 쌀쌀한 날 끓여 먹으면 속도 뜨뜻해지고 마음마저 푸근해지는 한국인의 소울 푸드 같은 것 아니겠는가. 사실 수제비 만들기라는 게 딱히 어렵지도 않다. 다시물만 잘 내면 -심지어 다시팩도 시중에 많이 나온 상태- 그냥 밀가루 반죽해서 툭툭 끊어 넣는 게 다일정도로 쉽고 간단한 요리이다.

그런데 아이와 수제비 만들기에 있어서의 무엇보다 큰 장점은 밀가루 반죽이 아이들이 좋아하는 클레이(찰흙)와 비슷하다는 것이다. 아빠가 할 일은 커다란 그릇에 물과 밀가루를 비율에 맞게 넣는 것뿐이다. 그리고 나서 아이에게 주걱 같은 것을 주고 아주 천천히 저어주게 한 다음 조금씩 치대기 시작하면 점차 반죽의 형태가 갖추어진다.

이때부터 아이들이 재밌어하는 단계다. 아이들은 그냥 밀가루를 주무를 뿐인데도 한참을 흥미를 갖고 논다. 사실 밀가루 반죽을 한다는 의미보다는 장난을 치는 것에 가깝긴 한데 아무런들 어떠랴 아이가 재밌어하는데. 밀가루로

토끼도 만들었다가 공룡도 만들었다가 하다 보면 20~30분은 훌쩍 지나간다. 여기서 주의해야 할 사항. 그깟 밀가루 사방으로 튀겨 옷과 바닥이 지저분해졌다고 짜증내거나 아이를 혼내지 말자. 어차피 치우면 그만인 것을. 다 만들고 나서 깨끗하게 정리 정돈하는 모습까지 보여주면 아이에게도 좋은 교육이 될 것이다. 아이와 같이 치우면 더욱 좋고.

이쯤에서 멈춰도 좋고 아이가 초등학생 이상이라면 반죽을 떼어 넣기까지 진도를 나가보는 것도 좋겠다. 물론 끓는 물 앞이니 조심 또 조심시켜야 하고. 물에 반죽을 뚝뚝 끊어 넣는 행위 역시 아이가 꽤 흥미를 느낀다. 여기서 또 주의할 점. 옆에서 그렇게 두껍게 넣으면 잘 익지 않아서 먹질 못한다는 둥 어쩌고 잔소리는 하지 말자. 이건 어디까지나 요리이기 전에 놀이이니까. 그리고 안 익은 것 좀 있음 어떤가? 만능 위장을 갖고 있어서 뭐든 먹어도 탈이 안 나는 아빠들이 버티고 있지 않던가. 수제비가 다 끓고 나면 자기가 만든 음식이라 맛이 좀 떨어질지라도 아이가 만족스럽게 먹는다는 장점도 있다. 수제비 만들기 응용 종목으로는 만두 만들기, 송편 만들기 등이 있다. 어디선가 듣기론 아이들이 이런 놀이를 자주 하다 보면 손에 있는 소근육이 발달해서 어쩌고 했던 것 같기도 하다.

우리 아이가 입문하기 좋은 요리 2

두 번째는 조금 더 간단한 요리이다. 핑거푸드 같은 걸로 흔히 접할 수 있는 바로 **카나페**이다. 카나페라고 하면 괜히 이름부터 뭔가 거창할 거 같은데 사실 참크래커나 아이비 같은 과자 위에 햄이나 치즈를 크기에 맞게 올려 놓으면 끝인 아주 간단한 요리이다.

카나페 만들기의 장점은 재료 면에서 아이가 무궁무진한 창의력을 발휘할 수 있다는 점이다. 보통은 과자 위에 햄이나 치즈 또는 참치를 먼저 올리고 그 위에 토마토나 딸기 같은 것을 얹기 마련인데 우리 딸은 아주 독창적으로 카나페를 만들었다. 크래커 위에 딸기잼을 바르고 귤이나 사과를 한 조각씩 올리는 건 아주 '노멀'한 케이스다. 심지어 그런 경우 맛도 있다. 본격적인 응용 편으로 들어가자면 크래커 위에 크림치즈를 바르고 초콜릿과 캐러멜 아니면 젤리 등을 올리기도 하고. 꿀을 잔뜩 바르고 자일리톨 캔디를 얹는다거나 하는 경우도 있었다. 집에 먹다 남아서 굴러다니는 모든 식재료들이 올라간다고 봐도 무방할 것이다. 이런 유니크한 창의력을 바탕으로 한 번은 사이다에다가 밥알 몇 개를 집어넣고 탄산 식혜를 개발해내는 쾌거를 이루기도 했다. 생각보다 맛이 나쁘지 않다. 물론 굳이 따라 할 필요까지는 없다.

여기서 또또 주의할 점. 아이가 자신만의 조합으로 새로운 카나페를 만들어낼 때마다 옆에서 시식을 하는 아빠는 리액션을 확실히 해줘야 한다. 없는 말을 지어내라는 건 아니다. 감정을 증폭시켜 이른바 '오바'를 좀 해주란 말이다. "에이, 이게 무슨 맛이야! 음식 갖고 장난치는 거 아냐!" 이런 말 말고. "와! 이런 맛은 정말 처음이야! 진짜 진짜 맛있어!"라며 마치 태어나서 세상 가장 맛있는 음식을 먹은 사람처럼 눈을 동그랗게 뜨고 엄지손가락을 쌍으로 올리며 호들갑을 떨어주는 건 기본 중에 기본이다. 물개 박수도 곁들이면 더욱 좋고. 이런 아빠의 오버 액션 하나하나가 모여 아이의 자신감으로 연결될 수도 있다고 생각한다.

우리 아이가 입문하기 좋은 요리 3

마지막으로 추천하고 싶은 요리는 **쿠키**이다. 마트 또는 인터넷으로 쿠키 믹스를 사면 준비 끝이다. 쿠키믹스에 녹인 버터와 계란을 넣고 반죽을 해주기만 하면 된다. 수제비 만들기의 업그레이드 버전이라고 볼 수 있는데 조몰락거리는 재미와 더불어 모양이 끝까지 유지되기 힘든 수제비와 달리 아이가 만든 모양이 거의 그대로 최종 결과물로 이어진다는 장점이 있다. 원, 삼각형, 사각형, 별, 하트 등 기본 모양서부터 지렁이, 꽈배기, 똥 등등 마음 가는 대로 손 가는 대로 만들면 그만이다. 아빠와 딸이 마주 앉아 누가 누가 특이한 모양을 만드나 대결하는 재미도 있다. 반죽 안에 작은 초콜릿이며 건조된 과일 또는 견과류 같은 것을 넣으면 맛과 모양이 달라져 또 다른 재미가 있다. 그리고 역시 시중에서 구할 수 있는 식용 데코펜으로 쿠키 위에 글자를 쓰거나 모양을 그릴 수도 있다. 물론 오븐에 굽는 것은 아빠의 몫이다. 참고로 쿠키 만들기의 또 다른 장점은 주변에 선물로 나눠 주기에 적당하다는 것이다. 할아버지 할머니 생신서부터 직장 동료들의 밸런타인데이 선물까지. 딸아이의 쿠키 선물 덕분에 기억에 남는 선물을 줘서 고맙다는 인사 참 많이 들었다. 물론 딸 잘됐다는 덕담까지도.

다음엔 무슨 요리를 만들어 볼까?

이외에도 커다란 양푼에 밥과 원하는 반찬을 넣고 직접 비벼 먹어보게 하는 비빔밥도 좋고, 김에다가 밥만 얹어주고 자기가 원하는 재료를 얹어서 말게 하는 김밥도 요리 놀이에 좋은 재료이다. 나이가 어느 정도 들었다면 계란 프라이 정도는 계란을 깨는 것서부터 시작해 직접 시켜보는 것도 좋을 것이다.

아이와 함께 재밌게 요리를 하고 나서 먹는 기쁨을 맛볼 수 있기를 바란다. 아이랑 알콩달콩 요리를 만든 후에 온 가족이 식탁에 앉아 그 요리를 먹으며 음식 평을 하고 칭찬을 주고받는 정겨운 모습. 생각만 해도 흐뭇하지 않은가? 오늘 당장 아이와 함께 요리를 시작해보시길! 그렇게 요리의 기쁨을 알게 된다면 어느새 스트레스 받는 날마다 요리를 하거나 설거지를 하고 있는 자신을 발견하게 될지도 모른다. 그럼 어쩌다 한 번씩 아내에게 쓸모 있는 사람 대접을 받는 호사를 누릴 수도 있다. 파이팅.

초초초간단
아빠표 레시피

워낙에 먹는 것도 좋아하는 편이지만 어렸을 때부터 요리하는 걸 재밌어했었다. 이렇게 저렇게 뚝딱뚝딱 만들어봤는데 얼추 먹어줄 만한 맛이 나면 그게 참 신기했던 것 같다. 돌이켜보면 레고 같은 장난감을 갖고 논 적은 별로 없는 듯하다. 나에게 요리를 만드는 재미가 레고를 만드는 그것과 비슷했던 걸까? 초등학교 고학년이 되면서부터는 볶음밥이나 팬케이크 등 동서양의 요리를 넘나들었으며 튀김, 도넛 같은 고난도 간식을 직접 만들어 먹기도 했다.

나의 경우 회사에서 스트레스를 받으면 집에서 요리를 할 정도로 특이하다면 특이한 성격이지만 아마도 많은 아빠들이 요리에 대한 막연한 두려움이 있을 것이다. 아니 두렵다기보다 해보질 않아서 별생각이 없을 수도 있다. 내가 그걸 왜 하냐고 생각할 수도 있고.

그런데 혹시 이런 생각을 해본 적은 없는지. 소중한 내 아이가 먹는 음식은 내가 직접 만들어 먹이고 싶다고. 요즘같이 스마트폰 몇 번 두드리면 맛있는 음식이 한달음에 문 앞에 오고 봉지만 뜯어서 그릇에 담으면 유명 맛집 못지않은 음식을 줄 서지 않고도 먹을 수 있는 시대에 어쩌면 비효율적이고 어쩌면 시대를 거스르는 행위라고 생각될 수도 있겠지만 내가 만든 음식을 아이가 맛있게 먹어주는 모습을 보면 그렇게 기분이 좋을 수가 없다. 그런데 무슨 다른 이유가 필요할까?

그렇다고 내가 뭐 대단한 요리를 하는 것도 아니다. 언제나 식탁 위에 올라올 수 있는 또는 지금 당장 냉장고 문을 열어보면 한 구석 밀폐용기에 담겨있을 것만 같은 그런 일상적인 요리, 어찌 보면 반찬이라 불러야 더 자연스러운 음식들을 만드는 것이다.

그렇다면 지금부터 내 30여 년 요리 노하우를 응축한 〈초초초간단 아빠 요리 베스트 3〉를 공개하겠다. 왜 '초'를 세 번이나 붙였냐고? 정말 문맹 아빠만 아니라면 이 정도는 충분히 따라할 수 있을 거라는 자신감의 표현이다. 아마도 요리 과정을 보여주는 사진 하나 없이 줄글로 알려주는 레시피는 처음 접할 것이다. 그만큼 쉽다는 얘기기도 하다.

시작해보자! 초초초간단 아빠표 레시피!

초초초간단 아빠표 레시피 그 첫 번째는 바로 **김치볶음밥**이다. 재료는 간단하다. 밥 한 공기, 배추김치 반 공기 그리고 스팸 반 공기. 끝이다. 아빠 요리에 정확한 계량 따위는 필요 없다. 그런 쓸데없는 디테일들이 진입장벽만 높일 뿐이다. 우선 쉽고 간단하게 부딪혀 요리의 맛을 아는 게 중요하다고 생각한다.

밥은 찬밥이면 좋다. 이유는 그래야 더 고슬고슬한 느낌을 살릴 수 있다. 해본 결과 뜨거운 밥으로 하면 볶음밥의 찰기가 강해져 식감이 안 좋게 된다. 김치는 어떤 종류도 무방하다. 그리고 주연만큼 중요한 조연 스팸. 이것저것 햄,

소시지 종류를 다 넣어봤는데 스팸류의 햄이 김치볶음밥에는 제일 잘 맞는 것 같다. 물론 스팸이든 리챔이든 로스팜이든 제조사는 어디든지 상관없다. 스팸은 새끼손톱의 1/4 크기로 자르면 된다.

순서도 간단하다. 직경 28~30cm 정도의 웍을 준비한다. 참고로 웍이란 중국 볶음 요리에 흔히 쓰이는 깊이가 깊은 팬이라고 할 수 있다. 앞으로 많은 요리에 이 웍이 쓰일 거다. 손에 맞는 웍 하나 장만해놓으면 요리가 훨씬 쉬워진다. 세상만사 장비빨이라는거 알고들 있으시겠지? 아무튼 불을 켜고 웍을 올리고 식용유를 반 숟갈 정도 둘러준다. 그리고 김치를 볶는다. 언제까지 볶냐고? 어떻게 쉽게 설명할까? 음... 그냥 중불에 1~2분만 볶는 걸로 하자. 그리고 스팸을 넣고 볶는다. 스팸은 오래 볶을 필요 없다. 이건 한 30초 정도 볶는 느낌?

그리고 드디어 찬밥 투하. 찬밥을 주걱으로 으깨는 데 힘이 좀 들 것이다. 하지만 우리 아빠들 힘세니까 상관없다. 따로 돈과 시간을 들여 근력운동도 하는데 이 정도는 운동이라고 생각하자. 그런데 언제까지 볶아 주냐고? 사실 볶음밥은 이 결정이 제일 중요하다. 볶음밥의 생명은 밥의 수분을 날려주는 데 있기 때문이다. 닭갈비나 삼겹살을 먹고 나서 밥을 볶을 때 느낌을 생각하면 제일 쉽다. 그렇다고 식당처럼 바닥에 눌어붙게 만들었다가 설거지로 밤샐 수도 있으니 그 정도는 아니더라도 약불에 오래 꾸준히 저어주면 된다. 언제까지? 뻥 좀 보태서 후 불면 휘~ 날아갈 것 같을 때까지. 자, 이것으로 김치볶음밥이 끝났다. 옵션 사항으로 계란 프라이가 있는데 계란 프라이 만드는 법까지 얘기하면 우리 아빠들 너무 자존심 상할 거 같아서 넘어가겠다.

초초초간단 아빠표 레시피, 두 번째

대망의 두 번째 요리는 **김치볶음**. 또 김치요리냐고? 김치볶음밥에서 밥만 뺀 거 같다고? 아이템 선정을 대충 한 거 같다고? 원래는 어묵볶음을 하려고 했는데 김치볶음이 더 만들기 쉬워서 급변경했다. 어묵볶음은 간장으로 간을 맞추는 단계가 까다로울 것 같아서 뺐다. 모두 요린이 아빠들을 위한 선택이니 이해해주기 바란다. 그리고 김치볶음밥과 김치볶음은 만들어 놓고 나면 맛과 쓰임새가 전혀 다르다. 격려가 될지 모르겠지만 어쩌면 김치볶음은 오늘 세 가지 요리 중에 가장 쉽다고 할 수 있겠다.

사실 이 글을 쓰고 있는 오늘 저녁도 가족들에게 김치볶음밥을 만들어 줬다. 그리고 바로 연달아서 김치볶음밥을 만들었던 그 웍에 김치볶음을 만들었다. 왜 그랬냐고? 설거지 두 번 하기 귀찮으니까. 레시피 설명 들어가겠다. 역시나 불을 켜고 아까 썼던 것과 같은 웍에 들기름을 한 숟갈 넣는다. 참기름, 식용유 모두 상관없다. 취향 따라 골라 넣으면 된다. 그리고 손가락 한 마디 길이로 자른 김치(신 김치면 좋다)를 역시나 한 공기 정도 양으로 넣어준다. 그리고 볶는다. 볶다가 중간에 설탕을 반 숟갈 정도 넣어준다. 그리고 김치가 왠지 투명해지는 느낌이 들 때까지 볶으면 끝! 김치 자체의 맛이 중요하긴 하지만 어지간한 김치라면 이 정도 과정만 거쳐도 밥반찬으로는 손색이 없는 수준이 된다. 진짜 간단하지 않은가? 참고로 끓는 물에 두부를 살짝 데쳐 한 입 크기로 잘라서 옆에 담으면 근사한 두부김치가 되기도 한다. 심지어 김치 볶음에 물 더 붓고 참치라도 한 캔 따서 넣으면 김치찌개라고 봐도 무방하다.

초초초간단 아빠표 레시피, 마지막

마지막 요리는 **떡볶이**. 이 정도면 오늘의 최고난도 요리되겠다. 누군가 이런 명언을 남겼었다. "모든 빨간 요리 양념의 기본은 다 떡볶이 양념이다."라고. 내가 봐도 그렇다. 매콤한 요리 대부분은 떡볶이 양념의 변형이라고 봐도 무방하다. 그만큼 떡볶이 요리는 확장성이 있는 요리다. 사실 소위 맛있다고 하는 요리에서는 짜거나 달거나 맵거나 이 세 개가 핵심 요소이다. 근데 떡볶이는 이 모든 맛을 다 갖춘 요리이다. 얼마나 대단한지 짐작되시는지. 게다가 아내와 아이들이 가장 좋아할 만한 요리라 만들어 놓으면 인기 만점일 것이다.

최고난도라고 해봐야 복잡할 거 없다. 우선 당연히 떡볶이 떡이 있어야 할 터. 우리 집은 쌀떡을 주로 쓰는데 밀떡도 나름의 매력이 있으니 취향껏 고르면 된다. 제일 먼저 할 일은 커다란 그릇에 떡을 한 움큼 담고 그 떡이 잠길 때까지 물을 부어주고 30분 정도 기다리는 거다. 학교 다닐 때 공부 잘했던 아빠라면 물 붓고 30분 기다렸다가 요리하지 않고 요리 시작 30분 전에 물 부어놨을 것이다. 그리고 물을 500ml 정도 웍에 담는다. TMI지만 난 500ml를 가늠할 때 생맥주 500cc 한 잔에 담긴 양을 떠올린다. 그럼 얼추 맞는다. 뭐 그냥 그렇다고. 어쨌거나 거기에 어른 숟가락으로 고추장 푹 떠서 한 숟갈. 간장도 한 숟갈, 마늘도 반 숟갈. 그리고 설탕은 이렇게 많이 뿌려도 되나 싶을 정도로 뿌린다.

아이의 엄지 척을 부르는 육아 꿀팁!

마늘과 설탕 얘기가 나와서 말인데... 사실 맛있는 요리의 핵심은 갖은양념이라고 볼 수 있다. 내 요리의 비법 중 하나는 마늘과 참기름, 설탕을 아끼지 않는 것이다. 그렇다고 가족의 건강을 최우선으로 하는 아빠들이 무식하게 양념을 너무 많이 때려 넣지는 않을 거라고 믿는다.

다시 떡볶이로 돌아와서 빨간 빛깔을 원한다면 고춧가루는 넣어도 되고 원하지 않는다면 안 넣어도 된다. 여기에 떡과 어묵만 넣고 물이 졸아들 때까지 푹 끓이면 된다. 어묵은 어떻게 자르냐고? 원하는 모양, 원하는 크기대로 자르면 된다. 거기에 파나 양파 또는 양배추 등을 넣어도 되고 삶은 계란이나 라면 사리를 넣어도 되지만 그건 나중에 자신 붙었을 때 하시고 일단은 저 정도면 충분하다. 바닥에 눌어붙지 않을 때까지 저어주기만 하면 된다. 언제까지 저어

주냐고? 분식집에서 먹던 떡볶이를 떠올리며 이 정도 걸쭉함과 국물 양이면 되겠다 싶을 때까지 끓인다. 여기서 결정적인 팁. 이 정도만 해도 얼추 떡볶이 맛은 나겠지만 혹시 중간에 맛을 보았는데 짠맛 단맛 모두 괜찮은 것 같은데 뭔가 확 당기는 소위 말하는 감칠맛이 부족한 2% 아쉬운 느낌이 들 때엔! 가정용 상비 소스라고 할 수 있는 라면 수프를 반 숟갈만 넣어주면 된다.

이 세 가지 정도 요리면 얼마든지 해볼 수 있지 않겠는가? 이렇게 쉬운데도 못하겠다면 그건 의지나 노오력이 부족한 거다. 자 이제 당장 주방으로 달려가 도전하고 싶다고? 끝으로 정말 중요한 팁을 알려드리려고 한다. 예전 광고에 이런 카피가 있던 적이 있었다. "화장은 하는 것보다 지우는 게 더 중요하다"라고. 난 이 말을 이렇게 바꾸고 싶다. **"요리는 하는 것보다 치우는 게 더 중요하다"**라고. 오래간만에 맛있는 요리 만들었다고 아내에게 칭찬받고 있었는데 그깟 설거지 좀 안 했다고 괜히 욕먹어서야 되겠는가. 그럼 우리 초보 아빠 요리사들 파이팅! 고생 끝에 낙이 온다고 힘든 요리 끝에 접하게 되는 아이의 엄지 척이 당신을 춤추게 할 것이다. 믿으시라!!

일상

아빠랑 씻을래

아이를 키워 본 부모들이라면 공감하겠지만 신생아 시절 아이를 목욕시킨다는 건 엄청난 공력이 들어가는 대공사이다. 만일 첫째 아이라면 더욱 그럴 것이다. 왜냐고? 난생처음 해보는 부모 짓인 데다가 목욕 따위 시켜본 적이 없으니 당연한 것이 아니겠는가? 난 아이가 태어나자마자 한동안은 아이를 안고 있는 것도 부담스러울 정도였다. 너무 작고 여려서 조금만 힘이라도 주고 안으면 마치 부서질 것 같았기 때문이다. 하물며 그런 아이를 씻긴다는 건 절대 녹록지 않은 일일 것이다.

우리 집의 경우에도 목욕이라도 한번 할라치면 아내와 내가 둘 다 달라붙어 땀을 뻘뻘 흘려가며 온 사방을 물바다로 만들어가며 씻겼던 기억이 있다. 한번은 아내가 잡고 있던 아이가 손에서 미끄러져 넘어지면서 꼬르륵 물을 먹은 적도 있다. 암튼 목욕은 매일매일 치러야 하는 전쟁과도 같은 행사였다. 그때는 생각했다. 아이가 초등학교쯤 들어가면 혼자서 목욕을 할 수 있으려나? 그로부터 약 10년의 세월이 지났다. 매일 저녁 딸아이는 이렇게 말한다.

"나 아빠랑 씻어도 돼?"

10여 년 동안 딸아이를 목욕시켜 오면서 나는 딱히 이상하다거나 어색하다는 느낌은 없었지만 어느 날 문득 한발 떨어져서 생각해보니 계속 여자인 딸을 남자인 아빠가 씻겨도 되는 것인가 하는 생각이 들었다. 아직 딱히 2차 성징과 같은 신체적 변화가 있는 것은 아니지만 10살 정도면 그래도 꽤 큰 여자아이인데 아빠가 목욕을 도와준다는 게 맞는 건가 싶었던 것이다.

아내에게 물어보니 주변 친구들은 남자아이들은 물론이고 혼자 목욕하는 경우가 대부분이며 아빠랑 씻는 경우는 더욱 드물다고 했다. 그럼 아이가 좋다고 하더라도 당장 그만둬야 하는 것인가 고민했더니 아내의 말로는 아이 본인이 아빠랑 목욕하는 것을 특별하게 싫어하지 않고 자연스럽게 여긴다면 억지로 그만둘 필요는 없다고 어디선가 들었다고 했다.

10살이 된 딸, 왜 아빠랑 목욕하려는 걸까?

그런데 우리 딸아이는 도대체 왜 아빠랑 목욕하는 걸 좋아하는 걸까 곰곰이 생각해보았다. 답이 자연스럽게 떠올랐다. 언제부턴가 목욕하기 싫어하는 딸아이를 위해서 씻겨주는 동안 이야기를 들려주기 시작했다. 처음에는 짧은 전래동화 같은 것을 들려주었는데 아이가 더 재밌는 얘기는 없냐고 채근하는 경우가 잦아졌다.

그러던 어느 날. 하루는 딸아이를 주인공으로 해서 나름의 창작동화(?)를 만들어서 들려주었다. 주인공은 딸이고 집에 있는 인형들을 조연으로 삼아 이야기를 만든 것이다. 고백건대 당연히 100% 창작으로 이야기를 만든 것은 아니었다. 여기서 조금 저기서 조금, 아는 이야기들을 급조해 만든 어설픈 짜깁기 스토리였다. 《금도끼 은도끼》로 시작해서 《벌거벗은 임금님》으로 끝나거나 뭐 그런 식이었다. 그런데 이게 웬일? 반응이 너무 좋은 것이 아닌가? 그날 이후 아이는 매번 목욕하면서 듣는 자신이 주인공인 이야기들을 정말 좋아했다. 오죽하면 매일 저녁쯤 되면 아빠와 목욕하는 걸 기다리며 오늘의 이야기 소재를 정해줄 정도였다. "오늘은 동물원에서 있었던 이야기였으면 좋겠어", "오늘은 누가 누가 부자가 되나 대결하는 내용이었으면 좋겠어" 등등.

목욕 5분 전에 이러한 지령이 떨어지면 온 정신을 초집중해서 이야기를 짜기 시작한다. 목욕 시간 그리고 머리 말리는 시간 다 합쳐봐야 10분 남짓. 그 안에 기승전결 그리고 반전, 욕심내자면 교훈까지 들어가 있는 이야기를 짜내야 하는 것이다. 그리고 중간 중간 딸아이의 수준에 맞는 언어유희 개그가 양념처럼 들어가 있는 이야기를 만드는 것도 중요하다. 이를테면 이런 식이다. 어제 딸아이가 이야기 소재가 잘 생각이 안 나는지 아무 얘기나 해달라고 했다. 그래서 이런 얘기를 만들어서 해줬다.

> 아빠가 딸한테 마트에 가서 장을 봐오라고 심부름을 시켰어.
> 어묵탕을 끓여야 하니까 어묵하고 간장하고 무를 사 오라고 했어.
> 그런데 딸이 어묵하고 간장은 사 왔는데 무를 깜빡하고 안 사 왔지 뭐야.
> 아빠가 "무는 왜 안 사 왔어?" 하고 물었더니 딸이 뭐라고 했게?
> "아~ 무!!"
> 네가 아무 얘기나 해달라고 해서 아~무!! 얘기해줬어.

유치해서 못 들어주겠다고? 이 이야기를 듣고 당사자인 딸아이는 깔깔거리며 웃었다. 그러니 우리 아빠들 이야기 창작에 별 부담 느끼지 않아도 된다. 그 옛날 참새 시리즈서부터 최불암 시리즈, 덩달이 시리즈 등등 아무것이나 베껴와도 좋다. 자신감을 갖고 그야말로 아~무 얘기나 지어내면 되는 것이다. 아빠들이 무슨 안데르센이나 그림형제도 아니고 어찌 퀄리티 높은 이야기를 매일 만들어 낼 수 있단 말인가. 이야기 자체도 중요하겠지만 그저 목욕이란 친밀한 행위 속에서 아빠와 딸의 달달한 커뮤니케이션을 통해 소소한 추억을 만든다 정도로 생각하는 편이 옳을 것이다.

이제까지의 모든 딸아이와의 놀이가 그랬던 것처럼 이야기를 만들고 들려주는 시간이 무척 행복하기만 하다. 물론 아주 조금 창작의 고통이 있긴 하지만 언제까지 딸아이와 목욕을 할 수 있을 것인가? 퇴근해서 내 몸도 씻기 귀찮아 그냥 뻗어버리고 싶은 날도 많지만 사랑하는 딸과 이렇게 목욕을 하는 날도 얼마 남지 않았겠지 생각하면서 오늘도 기꺼운 마음으로 목욕에 그리고 이야기 만들기에 임하고자 한다.

마지막으로 한 가지 중요한 사실. 하루는 딸아이에게 아빠랑 목욕하는 게 왜 좋은지 물어보았다. 그랬더니 조금은 허망한, 딸아이의 솔직한 속마음을 들을 수 있었다.

"아빠는 대충 씻겨 줘서 금방 끝나잖아!"

네 이놈!!

우리 아이 스마트한
스마트폰 사용법

'삐삐'라는 단어를 꺼내는 순간 오래된 연식이 드러나 민망하긴 하지만 나의 첫 개인 통신 기기는 삐삐였다. 여기서 말하는 삐삐는 말괄량이가 아니라 무선호출기의 다른 이름이다. 혹시 당시 상황을 잘 모르는 분들을 위해 간략하게 설명하자면 요즘 커피숍에서 주문한 커피가 나왔을 때 알림을 주는 진동벨 뭐 그런 거를 온 국민이 주머니 속에 하나씩 넣고 다녔다고 보면 된다. 대학에 들어가서야 처음으로 삐삐를 장만할 수 있었는데 미팅 나가서 상대방에게 집 전화번호가 아닌 삐삐 번호를 적어주며 우쭐했던 기억이 있다.

군대에 다녀와서는 알바를 해서 번 돈으로 처음으로 휴대폰이란 걸 장만하고 뿌듯했던 기억도 있다. 그렇게 시간은 흐르고 2G, 3G, 4G, 5G 등 정확한 차이는 잘 모르겠지만 아무튼 숫자가 올라가면 뭔가 통신 속도가 빨라진다는 것을 알게 되었고 전화기 모델은 플립폰, 폴더폰, 슬라이드폰 등으로 점차 진화하다가 급기야 끝판왕이라 할 수 있는 스마트폰의 세상이 오고야 말았다.

현대 사회를 사는 사람들에게 스마트폰은 그야말로 필수다. 아니 필수란 말로도 모자라서 그 옛날 장자의 말처럼 스마트폰이 내 인생인지 내 인생이 스마트폰인지 헷갈릴 지경이라고 해도 과언이 아니다. 그것은 이미 신체 일부와도 같아서 스마트폰을 놓고 외출한 날에 밀려오는 불안감과 초조함은 한 번이라도 겪어본 사람은 다 알 것이다.

이럴진대 뭐든 습득이 빠르고 호기심이 많은 아이들에게서 스마트폰을 떼어
놓는다는 건 쉬운 일이 아니다. 부모들이 가장 흔하게 하는 행동이면서 동시
에 죄책감을 갖는 행동 중 하나가 바로 아이가 어릴 때 식당에서 스마트폰을
보여주는 일일 것이다. 두세 살 정도까지는 가족 외식 자리에서 부부가 동시
에 밥을 먹는다는 것은 상상할 수가 없을 정도다. 한 명이 얼른 밥을 먹는 동
안 다른 한 명은 아이를 케어해야 하고 다 먹자마자 바로 임무 교대를 해야 하
기 때문이다. 그럼 정말 밥이 코로 들어가는지 입으로 들어가는지 모를 지경
이 되는데 얌전하게 있어줘도 힘든 마당에 아이가 칭얼대기 시작하면 정말 스
마트폰 속 뽀로로의 도움이 간절해진다.

최근에 '팝콘브레인'이라는 말을 들은 적이 있다. 자극적인 시각과 청각으로
도배된 디지털 기기에 장시간 노출되게 되면 마치 팝콘과 같이 곧바로 튀어
오르는 즉각적인 현상에만 반응할 뿐 다른 사람의 감정이나 밋밋한 일상에는
무감각하게 된다는 것이다. 아이들의 경우 이런 상황이 지속되면 발달장애로
까지 이어질 수 있다고 하니 부모의 입장에선 정말 무서운 일이 아닐 수 없다.
그러나 이런 찜찜함과 두려움 속에서도 주변의 따가운 시선 때문에 쥐구멍이
라도 들어가고 싶은 위기상황에선 어쩔 수 없이 꺼내야만 하는 비기 같은 것
이 바로 스마트폰이었다.

아이에게 휴대폰이 필요한 시기는?

어린이집을 다닐 때까지만 해도 아이에게 휴대폰이 그다지 필요한 물건은 아

니었다. 누르면 삑삑 소리도 나고 멜로디도 흘러나오는 장난감 휴대폰을 한참 갖고 놀다가 좀 지나서는 아빠가 오래전에 쓰다 서랍 한구석에 처박아둔 2G 폴더폰을 꺼내 자기 폰처럼 "어~ 여보세요~ 응응~ 나 지금 집이야"하면서 통화하는 상대는 도대체 알 수 없지만 누가 들어도 엄마의 흉내를 내며 통화 놀이를 하기도 했다.

그러다가 처음으로 실제 휴대폰이 필요하겠다고 느낀 건 초등학교 입학 직후였다. 유치원 때까지는 부모의 시야에서 벗어날 일이 많지 않지만 초등학생이 되는 순간 아무리 등하교를 함께 한다고 해도 조금씩 아이가 부모의 케어 범위 밖으로 벗어나는 경우가 생긴다. 그럼 휴대폰을 장만해줘서라도 그 불안감을 해소하게 되는데 여기서 첫 번째 고민이 시작된다.

아이의 첫 휴대폰, 어떤 것이 좋을까?

우리 아이 첫 휴대폰으로는 뭐가 좋을까? 아마 어린이 전용 미니폰, 시계형 휴대폰, 스마트폰 이 정도로 나뉠 거 같은데 각각의 장단점이 있겠지만 시계형이 휴대는 간편하지만 통화 등 사용이 불편하다는 이유 때문에 그리고 아직 스마트폰은 시기상조 아니냐는 현실적인 고민 때문에 아이 손바닥만한 크기의 미니폰을 사주었더랬다. 처음에는 자기도 실제 통화가 되는 휴대폰이 생겼다며 그렇게 좋아했었다. 줄을 사서 하루 종일 목에 매달고 다니기도 하고 어른 흉내 낸답시고 뒷면에 그립톡을 붙이고 다니기도 했다.

그런데 모든 박탈감은 상대적일 때 더욱 강력한 법. 학년이 올라갈수록 부모와의 원활한 커뮤니케이션이라는 휴대폰의 주요 기능은 점점 빛을 잃어가고 주변 친구들이 슬슬 스마트폰이라는 것을 사서 폰도 꾸미고 사진도 고화질로 찍고 게임도 하고 인터넷도 하는 모습을 보니 영 부러웠던 모양이었다. 하기야 어른들도 스마트폰에 환장을 하는데 아이들에게는 어쩌면 당연한 걸지도 모른다.

그리고 가장 강력한 유혹은 바로 카톡이었는데 아이들끼리도 이미 많은 부분에서 카톡으로 커뮤니케이션이 이뤄지고 있는 모양이었다. 아이가 다니는 학교에서는 아이들끼리 단톡방 개설을 금지할 정도로 나름 규제를 하고 있었지만 그런 규제가 카톡 사용 자체를 막지는 못하는 것 같았다. 참고로 아이가 쓰던 미니폰의 경우 문자메시지 그리고 부모와 연락할 수 있는 톡 기능이 있기는 하지만 모든 친구들이 쓰는 카톡이 안 된다는 결정적이 단점이 있었다.

그래서 계속 아이는 자기도 스마트폰을 사주면 안 되냐고 틈날 때마다 졸랐지만 아내의 대답은 노! 물론 '현실적으로 2년 약정으로 묶여있어 3학년이 되어야 바꿔준다', '그리고 그때 돼서도 스마트폰을 사줄지 그냥 폴더폰을 사줄지는 생각해봐야 된다' 라고 못을 박았지만 한편으로는 학교나 학원에서 스마트폰을 하는 친구들 옆에서 쭈구리처럼 입 헤벌리고 친구들 스마트폰을 구경만하고 있을 딸아이 모습을 상상해보니 짠하게 느껴지기도 했다.

그러다가 그런 문제가 자연스럽게 해결될 사건이 발생하게 되는데, 이런 경우 '마침'이라는 표현이 맞을지 모르겠지만 학원을 다녀오는 길에 딸아이가 '마침' 휴대폰을 잃어버리고 만 것이다. 설마 그걸 일부러 잃어버릴 정도의 대담한 성격이 아니므로 추호도 의심은 하지 않았다. "덜렁대지 말라고 했지!"라면서 부주의에 대해서 꾸지람을 하고 나니 바로 그다음에 현실적인 선택의 시간이 왔다.

아이의 올바른 스마트폰 사용, 어떻게 시작해야 할까?

아이의 두 번째 폰은 무엇으로 해줄 것인가? 한동안 인터넷도 뒤지고 대리점도 찾아다니고 하다가 내린 결론은 스마트폰을 쓰게 해 주자는 쪽으로 기울었다. 여러 고민이 있었다. '너무 어린 나이에 벌써부터 썼다가 나중에 스마트폰 중독이 되면 어쩌지?', 'SNS가 그렇게 문제라는데 아이들끼리 사용하다가 나쁜 물이 들면 어쩌지?', '요즘 게임 이상한 거 많은데 혹시 폭력적이거나 선정적인 게임에 노출되면 어쩌지?' 등등

세상 모든 부모들이 할법한 이런 당연한 고민을 하다가 내린 결론은 바로 '시대의 거대한 흐름은 막을 수 없다'는 것이다. 청동기가 나왔는데 신석기를 쓰자고 고집하는 꼴이고 자동차가 나왔는데 마차를 타고 다니자는 말이고 이메일이 나왔는데 우표 붙여서 편지만 쓸 수는 없다는 생각이 들었다. 그리고 분명히 언젠가는 스마트폰을 쓰게 될 텐데 참고 참았다가 갑자기 쓰게 됐을 때 예를 들어 중고생이 되어서 오히려 자제력을 잃으면 더 큰 문제라는 생각도 들었다. 다른 사람들 다 쓰는데 스마트폰은 나쁜 거라며 혼자 안 쓰다 보면 시대에 뒤떨어지는 사람이 되거나 더 나아가 자연스레 무리에서 외톨이가 될 수도 있지 않을까? 또 어차피 쓸 거 눈에도 나쁘지 않게 큰 화면으로 보게 하는 게 좋겠다는 생각도 들었다. 그래서 스마트폰을 못 쓰게 할 게 아니라 쓰더라도 올바르게 쓰는 방법을 가르쳐줘야 한다고 생각했다.

몇 가지 원칙을 세워보았다.

- 하루에 30분이든 1시간이든 정하기 따라 다르겠지만 일정 시간 미만으로 스마트폰 사용을 제한했다.
- 스마트폰을 쓸 때 눕거나 삐딱하거나 꾸부정한 자세가 아닌 바른 자세로 앉아서 사용하라고 했다.
- 길거리 등을 걸어 다닐 때는 절대 사용을 못하게 했다.
- 게임은 아예 막을 수는 없으니 아빠 폰에 깔아서 하고 싶을 때 얘기하고 하라고 했다.
- 뭐든 꾸미는 걸 좋아하는 아이 특성을 고려해서 '스노우'와 같은 사진 어플은 깔아서 갖고 놀게끔 해주었다. 시간이 지나니 동영상 편집도 하고 싶다 해서 그것도 나쁘지는 않을 것 같아 사용하게끔 했다.
- 카톡의 경우 엄마나 아빠가 모든 내용을 실시간으로 체크 가능하도록 해두었다.
- 인스타그램이나 페이스북, 더 나아가 요즘 아이들이 많이 쓰는 틱톡 같은 것들은 아직은 때가 아니라고 조금 더 기다렸다가 사용하는 게 좋겠다고 말을 해두었다. 물론 "언니들이나 친구들은 다 쓰는데"라며 섭섭해 하긴 했지만 사례를 들어가며 충분히 SNS의 위험성에 관해 설명해주며 설득했다.

물론 이런 원칙들이 좀 더 시간이 흐른 후에도 그대로 지켜질지는 모르지만 또 때에 맞게 조정도 해줘야 하겠지만 최대한 자기 스스로 스마트폰 사용에 대한 통제력이 생길 때까지는 이 방법을 유지해보려고 한다. 하기야 엄마 아빠도 집에서 맨날 누워서 하릴없이 스마트폰을 들여다보는 게 일상다반사인데 아이한테만 너무 높은 허들을 적용해놓은 게 아닌가 하는 생각이 들기도 한다.

다른 집들은 돈이 어디서 그렇게 나오는지 나도 못 쓰는 100만 원이 훌쩍 넘는 최신 폰을 초등학생들에게 턱턱 사주기도 하는 모양이지만 그대로 따라 할 수는 없는 노릇. 우리 아이가 지금 쓰는 스마트폰은 얼마 전까지 아내가 쓰던 것이다. 기계를 깨끗하게 쓰는 편이라 거의 새거나 다름없는데 꼭 돈이 아까워서가 아니라 금방 또 잃어버리거나 부주의로 인해 액정이 깨질 수도 있다고 생각해 새 스마트폰 사주는 건 다음으로 미뤘다. 물론 아이는 새것이건 중고건 스마트폰이 생겼다는 사실만으로 좋아하긴 했지만. 물론 얼마 전부터는 엄마는 폰 언제 또 바꿀 거냐고 무언의 압력도 넣기 시작했지만.

요즘은 거의 매일 저녁이 되면 아빠에게 카톡으로 하트가 잔뜩 들어간 이모티콘과 함께 "아빠 언제 와", "보고 싶어", "사랑해" 같은 내용을 보내기도 한다. 누군가의 카톡으로 단번에 기분이 확 좋아지기가 쉽지 않은데 그런 경험을 요즘은 거의 매일 하고 있는 셈이다. 그리고 가끔은 자기가 너무 갖고 싶은 이모티콘이 생겼다며 아빠에게 엄마 몰래 톡을 보내오기도 한다. 그럼 스스로 사용할 이모티콘은 사본 적이 단 한 번도 없는 딸바보 아빠는 쏜살같이 결제를 해 이모티콘 선물을 딸에게 보낸다. 최근 딸아이는 가끔 TV에 나오는 최신 아이폰이나 폴더블 폰 같은 광고를 보면서 "아~나도 저거 갖고 싶다"라는 말을 하기도 한다. 요금 약정이 끝나는 5학년이 되면 아빠와 딸이 커플로 최신 폰을 사서 쓸 수도 있겠다는 생각도 든다. 그럼 훨씬 더 딸과의 커뮤니케이션이 긴밀해지겠지?

아! 맞다. 그러려면 아빠는 지금부터 잡생각 말고 돈이나 열심히 벌어야겠다. 혹시 이 책이 많이 팔려서 딸내미 스마트폰을 최신형으로 바꿔줄 수 있으려나?

우리도 누군가의
금쪽같은 새끼다

요즘 〈금쪽같은 내 새끼〉란 TV 프로그램이 인기리에 방송되고 있다. 한마디로 전문가가 부모들을 대상으로 육아법을 코칭해주는 프로그램인데 출연한 아이들의 비포 애프터에 놀랄 때가 한두 번이 아니다. 예전에 있었던 〈우리 아이가 달라졌어요〉란 프로그램이 요즘 트렌드에 맞게 진일보한 느낌이라고나 할까? PD로서 프로그램은 재미도 있어야 하지만 궁극적으로 우리 사회에 어떤 형태로든 긍정적인 영향을 끼쳐야 한다고 오래전부터 생각해왔는데 그런 취지에 부합하는 좋은 프로그램이라고 생각한다.

〈금쪽같은 내 새끼〉가 방송되기 전, 기획 단계에서 CP와 PD를 만나 프로그램의 콘셉트가 대강 이러이러하다는 얘기를 들었는데 설명을 듣자마자 '아! 이 프로그램은 잘될 것 같다!'라는 생각이 들 정도였다. "거봐! 내가 프로그램 보는 눈이 있다니까! 선구안 짱이지?"라는 자랑을 하려는 게 아니다. 그냥 단순히 중이 제 머리 못 깎는다는 말처럼 한걸음 떨어져서 보면 좀 더 잘 보이는 것뿐. 원래 그래서 장기도 두는 사람은 안보이던 수가 옆에서 훈수 두는 사람한테는 잘 보이지 않던가? 아무튼 〈금쪽같은 내 새끼〉는 뭔가 요즘 사람들의 니즈를 정확하게 파고든 느낌이다. 마침 그런 프로그램이 한동안 없기도 했고.

요즘 아이들 키우는 집에선 일주일 동안 기다렸다가 매주 꼼꼼히 챙겨보는 경우가 많다고 하고 뒤늦게 알게 되어 1회부터 정주행 하는 사람들도 있다고 한다. 심지어 아이를 키우는 30~40대뿐만 아니라 20대들도 이 프로그램을 즐겨보고 있다고 하는데 〈슈퍼맨이 돌아왔다〉처럼 '육아에 대한 판타지를 충족시켜주는 건가'라고 생각해봤지만 그런 이유보다는 자신의 어린 시절과 대입해서 보는 재미가 있다는 거였다. '나는 어릴 때 부모님이 저렇게 안 해줬는데 저렇게 해줬더라면 어땠을까' 뭐 그런 생각들을 하며 보는 것 같다. 어쨌거나 이래저래 다양한 사람들의 취향을 저격할 요소를 많이 갖춘 프로그램이라는 생각이 든다.

특히 그중에서도 가장 화제가 되고 있는 건 당연히 프로그램의 핵심이라 할 수 있는 오은영 선생님의 솔루션이다. 그야말로 냉철한 분석으로 문제점을 적확히 짚어내고 확실한 해결책을 통해 아이의 상황을 개선하고 나아가 한 가족의 행복을 이끌어내 준다고나 할까. 그런 과정에서 선생님의 뼈를 때리는 분석에 놀랄 때가 한두 번이 아니다. 이렇게 프로그램이 인기를 끌다 보니까 선생님의 일거수일투족이 화제가 되고 있기도 하다. 고가 진료비가 논란이 되어서 찬반토론이 벌어지기도 했고, 심지어 선생님이 에르메스를 애용한다더라라는 기사까지 등장하기도 했다.

옳지만 불편한 육아 솔루션

그런데 이렇게 이슈가 되고 있는 프로그램임에도 불구하고 나의 아내는 그 프로그램을 한 번도 보지 않았다. 그렇다고 아내가 아이 육아에 관심이 없는 것도 아니다. 한동안 아이와의 잦은 트러블 때문에 너무 힘들어하길래 도움이 되었으면 좋겠다는 마음으로 퇴근하는 길에 서점에 들러 오은영 선생님이 쓰신 책을 사다 준 적이 있다. 근데 한참이 지나도 책을 보지 않는 것 같았다. 심적으로 여유가 없나 싶어서 며칠을 좀 더 기다려보다가 이유를 물어보았다. 그런데 아내 입에서 나온 뜻밖의 말! "자책감이 들어서 보기 싫다"는 거다. 자책감? 자책감이 무슨 말이지?

얘기인즉슨 예전에 오은영 선생님 강의를 한번 들으러 간 적이 있는데 강의 내용 전체가 구구절절 다 맞는 말씀이더란다. 그런데 그 말이 너무 아프더란다. 머리로는 다 맞는 말이라 생각하고 무슨 말인지 이해도 하겠는데 나중에 막상 현실 육아에 적용시켜 보려 하니 그게 잘 안되더라는 거다. 그게 자꾸 반복되다 보니 결국은 모든 게 내 책임이라는, 내가 모자라고 부족해서 그렇다는, 그래서 아이가 조금만 이상한 행동을 해도 자기가 제대로 엄마 노릇을 못 해서라는 자책감이 든다는 얘기였다. 어쩐지 죄를 짓고 있는 거 같은 느낌이라고나 할까? 그런 감정이 더 나아가 나쁜 엄마를 만난 내 아이가 불쌍하기도 하고 아이를 혼내는 자신의 모습을 생각해보면 스스로가 괴물처럼 느껴진다고 했다. 어유! 그거 아닌데, 그런 거 아닌데... 우리 집의 경우와 비슷하게 〈금쪽같은 내 새끼〉를 보면서 뭔가 혼나는 느낌이 들어 불편하다는 부모들이 많다는 얘기를 들었다. 〈금쪽같은 내 새끼〉를 챙겨 볼 정도면 자식에 대한 사랑은 당연하거니와 좀 더 육아를 잘해보겠다는 의지도 어느 정도 있는 부모들일 텐데 혼나는 느낌이 들어 불편하다니.

이유가 뭘까 생각해보았다. 그래 잘못을 했으면 혼이 나야 하는 건 맞다. 그런데 예전 기억을 되살려보면 공부 못한다고 혼나서 정신 차리고 공부하는 경우도 있지만 그것보다는 '어유~ 공부 참 잘 하네! 기특하다!' 이런 칭찬에 신나서 더 열심히 공부한 경우가 더 많지 않았나 싶다. 당연히 그 경우 효율도 좋앉고. 그러니 우리 부모들도 육아 문제에 있어서 이러면 안 되고 저래도 안 되고 그렇게 하면 아이의 마음을 헤아리지 못하는 거고 등등 이렇게 혼만 날게 아니라 '지금 꽤 잘하고 있는 거다', '아유, 부모 노릇 처음 하는 건데 그 정도면 훌륭하지' 이런 말도 좀 듣고 싶은 게 아닐까? 잘하려고 하는데 왜 노력은 알아주지 않느냐는 말이다.

우리도 누군가에겐 '금쪽같은 내 새끼'

〈금쪽같은 내 새끼〉를 보면 전반적으로 아이의 문제행동의 원인은 결국 부모의 잘못에서 기인한다고 결론이 나는 것 같다. 그런데 말이다. 우리 부모들 입장은 누가 헤아려줘야 할까? 요즘 같은 코로나 시국에 어디 놀러 가지도 못하고, 하루 종일 집에서 돌밥 돌밥에 애들 붙잡고 씨름하느라 얼마나 힘든지, 또 주말이면 세상에서 제일 무겁다는 눈꺼풀을 치켜들며 애랑 놀아주는 게 얼마나 힘든지, "어? 내가 지금 애랑 놀기가 귀찮단 느낌이 드네? 나 나쁜 부모인가?" 이런 생각이 드는 게 정상인 건지. 아무도 알아주지 않아 솔직히 좀 억울하다는 생각이 든다.

인터넷에서 〈금쪽같은 내 새끼〉나 오은영 선생님에 관한 기사에 달린 댓글들을 보면 '선생님의 말씀에 따라 육아에 적용해봐야겠다'는 말도 많지만 '모두 공감은 하지만 실천은 어렵다', '실제 독박 육아를 모르는 소리'라는 의견도 상당 부분을 차지하고 있다. 심지어 어떨 때 단호해야 하는 건지 어떨 때 감싸줘야 하는 건지 기준도 모호해 혼란스럽다는 반응도 많았다. "아이들은 가르칠 대상이 아니에요. 좋은 말로 알려주세요. 무섭게 대하지 마세요." 이런 말을 들으면 '누가 그걸 모르나!'란 말이 목구멍까지 나온다는 거다.

단순히 아이의 잘못된 행동뿐만이 아니라 부부싸움이 원인이거나, 아니면 직장에서 너무 힘들었거나, 그것도 아니면 엄마 아빠도 사람인데 이유도 없이 그냥 짜증 날 수도 있는데 그걸 이해해주는 사람이 아무도 없으니 현실 육아에 있어 괴리감이 더 큰 것 같다. 그런데 이런 뒷이야기들은 다 생략되고 아이를 이해하지 못하고 감정적으로 조절을 못하고 화를 내었다는 사실만 덜렁 남은 상황이라고나 할까?

이런 댓글도 기억에 남는다.

'도저히 힘들어서 포기하고 싶을 때 부모는 어디서 위로 받아야 하는지?'

그러니까 이제부터 우리 부모들 더 이상 자책하지 말자. 아무도 칭찬해주지 않으면 우리끼리라도 최소한 부부끼리라도 서로 잘한다고 이 정도면 나쁘지 않은 것 같다고 칭찬하고 격려하고 위로해주자. 자식을 키워본 사람들은 다 알겠지만 육아라는 거 참 힘든 일 맞다. 어떤 분야건 10년 정도 지나면 일정 수준 이상의 실력을 갖게 되어 본격적인 활약을 하게 되는데 육아는 10년 지나 이제 어느 정도 자신감이 붙었다 치면 미션이 종료되는 아이러니한 분야이기도 하다. 근데 뭐 어쩌겠는가? 그 어떤 경우라도 포기할 수는 없으니 우리 조금만 더 힘내보자. 세월이 흘러 나중에 그때가 그래도 좋았지 웃으며 추억하는 날이 분명히 올 것이다. 그러고 보니 오랜만에 엄마에게 전화 걸어서 옛날에 나 키울 때 힘들지 않았냐고 괜히 어리광을 섞어 좀 물어봐야겠다. 그리고 당신 자식 이 정도면 잘하고 있지 않냐고 칭찬 좀 해달라고 해야겠다!

우리 엄마 아빠들도 모두 누군가에게는 '금쪽같은 내 새끼'라고!

Special Page 1 예능 육아 기획안

아빠도 아이도 모두 즐길 수 있는 놀이는 어떻게 만드는 건지 막막하다면 이 글에 주목! 끝말잇기나 신문읽기 같은 작은 이벤트라도 방송 프로그램을 기획한다는 느낌으로 미리 생각해보는 것은 어떨까? 아래는 실제 방송에서 쓰이는 기획안 양식을 바탕으로 해서 아이와의 신문읽기를 주제로 작성한 예이다.

PD 아빠의 예능 육아 기획안(예시)

제목	일석십조! 아빠와 신문읽기		
장르	교육	**출연**	아빠, 딸
R/T	15~20분	**소품**	어린이 신문

[기획 의도]
아빠와 함께 신문읽기를 통해서 독해력, 시사 상식, 토론 능력 등을 자연스럽고 재미있게 키워보고자 한다

[한 줄 요약]
매일 저녁 아빠와 함께 어린이 신문을 읽으며 지식 습득과 감정적 교감을 꾀함

[구성 / 내용]
1. 아빠와 함께 기사 읽기. 단 전문을 읽지 않고 아빠가 요약본을 들려주어도 무방
2. 기사와 실제 사례를 연관시켜 설명해주기
3. 기사와 관련하여 토론하거나 자녀의 생각 들어보기
4. 부족한 시청각 자료는 인터넷을 통해 추가로 보여주기

[강점 / 경쟁력]
- 매일 저녁 자연스럽게 교육적인 놀 거리를 루틴으로 만들 수 있음
- 시사, 역사, 경제, 과학, 문화 등 다방면의 지식이 쌓임
- 아빠와 딸이 꾸준하게 교감을 할 수 있음

[예상 단점 / 해결책]
- 아빠의 저녁 스케줄이 많으면 건너뛰기 십상. 쌓여가는 신문을 보면 스트레스가 될 수 있음 / 2~3일에 한 번씩은 소화하려는 노력 필요. 주말을 활용하는 것도 도움
- 기사가 어려울 경우 아이가 지루해 할 수도 있음 / 이해를 위해 눈높이에 맞춘 충분한 부연 설명이 필요함. 때로는 과감한 건너뛰기도 방법

[참고 사이트]
1) 어린이동아(http://kids.donga.com/)

[유사 육아 예시]
- 아빠와 독서하기
- 특정 주제를 놓고 온 가족 토론해보기 등

Chapter 03
아빠랑 어디 갈까?

PD 아빠의 예능 육아

CHAPTER	TITLE	
3		아빠랑 어디 갈까?
CATEGORY		집 근처 소풍, 나들이, 여행, 놀거리
CONTENTS		제주도, 만화카페, 야구장, 인사동 데이트, etc.

이번 주말엔
또 어디를 가지?

아마도 많은 아빠들이 주말마다 제일 많이 할 것으로 짐작되는 고민은 바로 '이번 주말에는 어디를 가지?' 또는 '이번 주말에는 뭐하고 놀지?'가 아닐까 싶다. 왜냐하면 나도 그랬으니까. 갓난쟁이 시절은 어느새 지나가고 네다섯 살쯤 되어 아이가 옹알이가 아닌 어느 정도 말을 하기 시작하고 걸음마 수준을 넘어 뛰어다니며 이것저것 관심을 가질 때 그 망아지 같이 에너지 넘치는 애들을 붙잡고 하루 종일 집에서 뒹굴뒹굴할 수도 없고. 부모 입장에서 뭐라도 시켜주고 싶기 마련이다.

그래서 우리 아빠들은 절박한 심정으로 주말 아침부터 '오늘은 어디로 가볼까'라는 주제로 스마트폰을 붙잡고 이것저것 검색해보지만 놀 거리, 볼거리, 할 거리들이 생각보다 많지가 않은 게 현실이다. 네이버나 다음, 구글과 같은 각종 포털 사이트나 페이스북, 인스타그램 같은 SNS 그리고 쿠팡, 티몬, 위메프 같은 소셜커머스까지 싹 다 뒤져봐도 마땅치 않을 때, 잠깐만 기다려보라고 해도 아이는 옆에 찰싹 붙어서 오늘 뭐할 거냐고 칭얼대며 졸라대기만 하고 아내는 그런 사정을 아는지 모르는지 주말 아침부터 누워서 스마트폰만 하고 있을 거냐고 잔소리를 해대고, 짜증도 슬슬 나고 눈도 스르르 감기고 이것저것 다 귀찮아서 애는 유튜브나 틀어줘서 보라고 하고 난 그냥 누워서 일주일 동안 밀린 잠이나 잤으면 좋겠다고 생각한 적도 많을 것이다. 왜냐하면 나

또한 그랬으니까.

그럼 도대체 어디를 가서 무엇을 해야 하단 말인가? 지난 주말에 무리를 해서 경제적으로도 좀 압박이 있고, 뮤지컬이니 연극이니 공연도 마땅치 않고, 영화는 애가 또 극장이냐며 지겹다 하고, 수목원도 한두 번이고, 놀이공원은 너무 헤비 하다 싶고... 이럴 때를 위해 적당한 장소를 추천하고자 한다. 경제적 시간적 물리적 고민을 단 한 번에 해결해줄 그곳! 바로 집 앞이다.

언뜻 이해가 가지 않을 수 있고 마땅한 곳이 없다고 생각할 수도 있다. 하지만 집 앞, 그러니까 집에서 멀지 않은 곳에 아주 높은 확률로 분명히 적당한 장소가 있을 것이다. 아파트에 살면 단지 안에 벤치라도 있을 것이고, 주택가라면 근처에 공원이라도 있을 것이고, 이도 저도 안 된다면 분명히 집 주변에 산이라도 있을 것이다. 우리나라 국토의 70% 이상이 산이라고 하지 않았던가. 강이나 바다도 물론 좋고!

여기서 중요한 건 어디로 가냐가 아니고 바로 가까운 곳이라도 마음먹고 나가 즐기기에 따라 최고의 소풍 장소가 된다는 점이다. 소풍이 뭐 별건가? 꼭 멀리 가야만 소풍인가? 매트를 펼치는 그곳이 바로 소풍 장소라는 말이다. 우리 집의 경우에도 큰 기대를 하지 않고 몇 번 집 앞으로 나들이를 갔는데 그럴 때마다 가성비와 가심비 측면에서 온 가족 모두 만족할 만한 결과를 얻었다. 그렇다고 정말로 무작정 나갈 순 없는 법. 지금부터 간단한 소풍 준비물을 소개해볼까 한다.

소풍 하면 역시 김밥

우선 소풍 하면 가장 먼저 떠오르는 건 뭐? 그렇다. 바로 김밥이다. 어디든 가서 자리를 잡고 앉아 김밥을 먹는다는 것만으로 소풍 분위기가 한껏 고조된다고 봐도 된다. 물론 동네 김밥집에 가서 김밥 한 줄 사면 가장 간단하고 속 편하지만 그럴 순 없지 않은가? 우리는 좋은 아빠들이니까.

김밥 재료를 어떻게 다 준비하지 하는 걱정 따위는 할 필요 없다. 마트에 당근이며 우엉이며 단무지 같은 재료를 손질까지 마친, 그러니까 정말 김에다 밥 깔고 다 만들어진 재료를 얹기만 하면 되는 제품들을 손쉽게 구할 수 있다. 거기에 자기 취향에 맞게 냉장고 안에 있는 만든 지 오래됐는데 어쩐지 손이 안 가 먹다가 남은 반찬, 예를 들면 김치나 멸치볶음 같은 것이 있으면 같이 넣어서 말기만 하면 된다. 이상하게 김밥에는 왜 아무거나 넣어도 맛있는지 모르겠다.

그리고 또 중요한 포인트. 아빠가 김밥을 말고 있으면 분명히 아이들이 관심을 가지며 다가올 것이다. 그럼 자연스럽게 같이 만들어 보자고 한다. 아이와 함께 김밥을 만들게 되면 이미 그 순간부터 놀이 시작이라고 봐야 한다. 나중에 '이건 내가 만든 거다~'라면서 뿌듯해하며 김밥을 먹는 아이의 모습을 흐뭇하게 볼 수 있는 건 보너스다.

그리고 정말 아무리 재료가 준비되어 있어도 나는 '똥손'이라 김밥을 만들 자신이 없다 하는 아빠들은 과감하게 김밥을 포기하고 난이도를 두 단계쯤 낮춰 유부초밥에 도전할 것을 권한다. 유부초밥도 역시 바로 만들 수 있게 준비된 재료로 구성된 제품이 있는데 밥에다가 소스를 넣고 섞어 유부 안에 집어넣기만 하면 되니 훨씬 과정이 간단해 빠르고 쉽게 만들 수 있다. 진짜 어지간한 아빠들이라면 이건 충분히 할 수 있다. 이건 성의 문제고 노력 문제다. 이것까지 귀찮다고 하면 인간적으로 내가 섭섭할 것 같다. 그런데 만약에 이것도 정말 하기 싫다! 아니면 도저히 여의치 않은 상황이다! 라면 그냥 김밥가게 가서 한 줄 사다 먹으면 된다. 김밥 그거 뭐라고! 놀러 가는 거지 먹으러 가는 건 아니니까.

먹었으니 뭐하고 놀까?

다음으로 준비할 건 간단한 놀이 도구이다. 거창할 거 까지는 없어도 집안에서는 어쩐지 할 수 없지만 간단하게 집 앞에서 할 수 있는 것들을 준비해 가는 거다. 다들 익숙하겠지만 대여섯 살 정도까지는 비눗방울 놀이만 있어도 한참을 놀기 마련.

그보다 나이를 좀 먹었다고 하면 배드민턴을 추천한다. 사실 배드민턴이라고 해봐야 주고받는 랠리가 이어지기는 힘들다. 아이가 배드민턴 라켓을 들고 있으면 아빠가 거기에 맞게 셔틀콕을 날려주는 게 중요하다. 운이 좋으면 두세 번 정도 오갈 수도 있다. 어떻게 보면 배드민턴 라켓을 휘두르는 것보다 떨어진 셔틀콕을 주우러 다니는 일이 더 힘들 수도 있다. 하지만 그러면 어떤가, 어차피 우리 아빠들 만성 운동 부족 아니던가! 일부러 시간 내서 운동도 하는데 뭘. 기꺼운 마음으로 뛰어다니시길 바란다. 참고로 좀 큰 남자아이들은 글러브와 공을 준비해 캐치볼을 해도 좋을 듯싶다. 여름에는 물총 놀이도 나쁘지 않겠다. 줄넘기도 간단하지만 의외로 시간이 잘 가는 재미있는 놀이다.

실컷 운동한 후에는 간식 타임

집 앞 나들이 대망의 마지막 준비물은 바로 간식이다. 또 먹냐고? 방금 전까지 운동 실컷 했으니까 좀 먹어도 된다. 그럼 어떤 간식을 준비하면 좋을까? 나의 경험으로 비추어봤을 때 무슨 간식이든 아이가 가장 좋아하는 간식을 준비해서 가는 게 최선인 듯싶다. 그것이 젤리 건 과자 건 초콜릿이건 간에. '집에서는 엄마가 못 먹게 하는 건데 집 앞에 나왔더니 아빠가 먹게 해 주네?' 그런 생각만으로 아이가 갖고 있던 스트레스가 조금은 풀리지 않을까? 어른들도 다이어트 할 때 치팅데이를 갖는데 하물며 애들은 좀 더 너그럽게 봐줄 수도 있다고 생각한다. 그리고 이렇게 평소에는 못 먹게 하는 간식을 먹게 해 주면 아이도 다음부터 신나서 집 앞 소풍에 따라나설 것이다.

자, 이번 주말에 마땅히 갈 곳이 없다면 가벼운 마음으로 온 가족이 손을 잡고 준비물을 챙겨서 집 앞 공터로 나가보자! 둘러앉아 정성껏 만든 김밥을 먹고 비눗방울 놀이도 하고 배드민턴도 좀 치다가 다시 쉬면서 음료수에 과자 좀 먹다 보면 어느새 2~3시간은 훌쩍 지나 있을 것이다. 지금 이 글을 읽다가 떠오른 집 앞 그곳! 바로 그곳이 최고의 소풍 장소일 거라 확신한다!

그나저나 주말에 비가 안 와야 될 텐데...

푸르매가
살고 있는 곳

떠나요 둘이서 모든 걸 훌훌 버리고...

아련한 파도소리와 함께 시작되는 노래. 이제 돌하르방이나 해녀만큼 제주도를 대표하는 상징이 된 노래는 누구나 알고 있듯이 바로 가수 최성원 씨가 부른 〈제주도 푸른 밤〉이다. 그룹 들국화를 좋아했던 탓에 최성원 씨에 관한 내용을 포털 사이트에서 검색하다 우연히 알게 된 사실.

들국화가 잠정 해체한 후 모든 것에 지쳐 있던 최성원 씨는 아무 생각 없이 며칠 푹 쉬고자 선배가 살고 있던 제주도를 찾았다고 한다. 마침 제주도에 살던 선배에게는 어린 딸아이가 있었는데 그곳에 머무는 동안 그 아이에게 나중에 서울 가면 네가 등장하는 노래를 만들어주겠노라고 약속을 했다고 한다. 그 후 서울로 돌아온 최성원 씨는 실제로 그 노래를 만들었고 심지어 많은 사람들에게 아주 오랫동안 사랑을 받고 있다. 이렇듯 제주도에 대한 아름다운 감상과 어린 소녀와의 약속이 어우러져 만들어진 노래가 바로 〈제주도 푸른 밤〉이라는 거다. 그 소녀의 이름이 '김푸르매'였는데 다들 알다시피 제주도 푸른 밤의 마지막 가사는 '떠나요 제주도 푸르매가 살고 있는 곳'이다. 최성원 씨는 들국화 멤버인 걸 떠나 이 에피소드 하나만으로도 참으로 멋진 분이란 생각이 든다. 어린 꼬마와의 약속을 저렇게 멋지게 지켜 내다니!

앞서도 얘기했지만 〈제주도 푸른 밤〉에서 가장 공감이 가는 가사는 '모든 걸 훌훌 벌리고 떠나자'는 부분이다. 현대를 살고 있는, 도시에서 살고 있는 모든 사람들이 이런 로망 한번 가져보지 않은 적 없을 것이다.

결혼 10주년 기념 제주도 여행

2010년 결혼을 했고 그로부터 10년이 흐른 2020년. 결혼 10주년이 되었다. 신혼여행을 하와이로 다녀왔기 때문에 예전부터 결혼 10주년 기념 여행은 아이를 데리고 하와이를 다시 가보자는 계획이 있었다. 하지만 그놈에 코로나 때문에 그 계획은 일찍이 포기.

어디를 갈까 고민하던 중. 제주도가 눈에 들어왔다. 우리나라를 대표하는 관광지이기도 해서 사람들이 코로나 시국에 대안으로 많이들 찾는다는 얘기가 들려왔다. 그리고 그때까지만 해도 코로나로부터 비교적 안전한 분위기여서 안심이 되기도 했다. 물론 예전에도 여러 가지 이유로 몇 번 가보긴 했지만 아이를 데리고 이번에야말로 제대로 제주도를 즐겨보면 어떨까 하는 생각이 들었다. 그래서 일단 떠나기로 했다. 비록 모든 걸 훌훌 버리고 떠나진 못했지만.

원래부터 무언가 놀 궁리를 하고 계획을 세우는 걸 즐겨하는 성격 탓인지 제주도 여행 스케줄을 짜는 건 어렵지 않았다. 아니 무척 즐거웠다. '어느 곳에 어떤 숙소를 잡을까?', '가서 뭐하고 놀지?', '이 집이 맛집이라던데 가볼까?' 등등. 무릇 여행이란 이렇게 가기 전 준비할 때가 가장 즐거운 게 아니겠는가.

조금 다른 이야기지만 이제까지 여러 나라 다양한 도시를 다녀본 내가 내린 결론은 인천공항으로 가는 차 안이 여행 중 가장 만족스러운 순간이라는 거다. 막상 공항에 도착해서 인파에 시달리고 불편한 비행기에서 다리도 제대로 못 펴고 있다가 현지에서는 말도 안 통하고 너무 춥거나 덥거나 음식도 입에 안 맞고 시차도 적응 안돼 계속 졸기만... 얘기가 조금 다른 곳으로 흘렀지만 아무튼 이러한 해외여행의 불편한 면이 상당 부분 해결되는 곳이 바로 제주도라고 생각된다. 물론 이 시국에 해외는 가고 싶어도 못 가기도 하지만.

아이와 함께 하는 제주도 여행의 포인트

결과부터 얘기하자면 4박 5일 동안의 결혼 10주년 기념 제주도 여행은 대만족이었다. 혹시 아이와 함께 제주도 여행을 계획하는 분들이 있다면 조금이라도 도움이 될까 하여 이 자리를 빌려 즐거웠던 우리 가족의 제주도 여행의 포인트들을 공개해보고자 한다. 물론 즐거움의 가장 중요한 주체는 초등학생 딸아이다.

첫 번째로는 '**어디 숙소를 잡을까**'이다. 우선 숙소만큼은 번잡하지 않은 한가한 곳으로 잡고 싶었다. 관광지 한복판에 있는 고급 호텔도 좋고 새로 생겼다는 리조트도 좋지만 복잡한 서울을 벗어났으니 좀 조용하고 한적한 곳에서 지내고 싶다는 생각이 강했다.

그래서 비교적 사람의 발길이 덜한 '표선'이란 곳에 펜션을 잡게 되었다. 서귀포시 표선면에 위치한 이 펜션은 사실 아내가 검색 중 발견한 곳인데 다녀온 사람들의 평이 모두 호의적이었다. 공항에서는 좀 멀리 떨어져 있지만 서귀포나 성산일출봉, 심지어 한라산과의 거리도 멀지 않아 위치도 나쁘지 않은 편이었다. 그리고 관광지라기보다는 실제 주민 분들이 사는 동네에 위치해 있어서 간접적으로나마 제주살이를 경험해본 거 같아 좋았다. 동네 곳곳에 인스타그램에 나올법한 예쁜 카페며 맛집으로 소문난 식당들이 있는 것도 장점이었다. 게다가 문을 열면 펼쳐지는 감귤밭의 풍경은 이곳이 정말 제주도라는 것을 느끼게 해주었다. 이제껏 제주도에 가서 여러 관광지의 숙소만 다녀본 사람이라면 더욱 이곳을 추천한다.

두 번째론 '**뭐하고 놀지**'이다. 어떻게 보면 아이들에게는 이 부분이 가장 중요하다고 할 수 있는데, 사실 딸아이는 뭔가 멋진 풍경이나 경치를 보는 것도 좋아하지 않고 배를 타거나 산에 오르는 등 활동적인 액티비티를 즐기는 타입도 아니다. 오히려 소소한 체험을 즐기는 편이어서 그 점을 고려해 계획을 짰었다. 제주도 가면 흔히 접할 수 있는 감귤 따기 체험, 승마 체험도 물론 다 좋았지만 그중 압권은 '해녀 체험'이었다. 해녀 체험이라고 해서 실제 물에 들어가서 전복을 따오는 건 물론 아니다.

제주공항 근처에 해녀 복장을 하고 사진을 찍을 수 있는 곳이 있다는 걸 알게 되어 찾아갔다. 먼저 좋았던 건 단순히 옷만 대여해서 사진을 찍고 마는 것이 아니라 촬영 직전에 제주 해녀에 관한 역사나 기본 상식들을 간단하게나마 강의를 해준다는 점이었다. 강의 후 난생처음으로 해녀 복장을 하고 스튜디오 바로 앞에 있는 바닷가에 가서 작가님의 리드에 따라 여러 가지 포즈를 잡으면서 사진을 찍게 된다. 1시간 넘게 소요됐던 것 같은데 이런 콘셉트의 촬영은 오직 제주도에서만 할 수 있는 거라 더욱 뜻깊고 기억에 남았던 것 같다. 실제 딸아이의 반응도 가장 좋았던 곳이다.

제주도 여행의 마지막 포인트는 늘 배고픈 아빠에게는 가장 중요한 '뭘 먹지'이다. 사실 이 부분이야말로 각자 입맛들이 다양해 특정 식당이나 메뉴를 추천하기 어려운 면이 있다. 흑돼지를 구워 먹는 것에 만족하지 않고 흑돼지를 넣은 피자도 먹어보았는데 나쁘지 않고 내 팔뚝보다 큰 갈치도 맛있었고 해물라면에 딱새우에 제주도에서 유명하다는 김밥까지. 솔직히 고백하건대 이제까지 살면서 먹어본 것 중에 특별하게 맛없는 걸 먹었던 기억이 별로 없는 터라 다른 사람에게 맛있는 음식 추천할 자격은 안 된다고 생각한다. 다만 조금 안심할만한 건 제주도에 어지간한 식당은 얼추 다 맛있으니 걱정 말라는 말을 전하고 싶다. 아 그러고 보니 흑돼지로 만든 탕수육을 파는 중국집이 있다는데 그 집엔 꼭 가보고 싶다. 제주 맥주 한 잔까지 곁들이면 카아.

우리 가족의 제주도 여행 정보는 이 정도이다. 제주도에 사시는 분들이나 제주도를 자주 다녀서 나보다 훨씬 제주도에 대해 많이 아는 분들이 보면 어설프기 짝이 없는 정보겠지만, 어린아이와 함께 오랜만에 제주도에 여행을 가려는 분들에게 조금이나마 참고가 되었으면 하는 바람으로 글을 마쳐본다.

떠나요 제주도 푸르매가 살고 있는 곳.

우리
만화 보러 갈까?

우리 가족의 흔한 일요일 오후 풍경. 점심도 배불리 먹었겠다, 주말 내내 했던 인형 놀이도 시큰둥해지고 어디 나가고 싶긴 한데 마땅히 멀리 갈 형편이 되지 않을 때 딸아이는 나에게 이렇게 얘기한다.

"아빠 우리 만화 보러 갈까?"

만화 데이트에 대한 추억

사실 아주 어렸을 적에는 만화를 즐겨 보는 편이 아니었다. 만화책도 책이라 그랬던 건지는 모르지만. 그랬던 내가 만화의 매력을 알게 된 것은 아니 좀 더 정확히 표현하자면 만화방의 매력을 알게 된 것은 아내와 연애 시절 데이트 장소로 자주 찾게 되면서부터다.

지금의 처가 그러니까 당시 여자 친구의 집 근처에 조금은 오래된 만화방이 있었는데 데이트 도중 우연한 계기로 그곳을 찾게 되었다. 최신식 시설이라고는 볼 수 없는 조금은 허름한 인테리어에 어디선가 퀴퀴한 냄새가 나는 것 같기도 하고... 아무튼 우중충한 느낌의 아저씨들이 잔뜩 앉아 있는 다시 말해

전형적인 데이트 장소는 아니었다. 그래도 이왕 왔으니 재미있게 보고 가려는 생각으로 앉았는데... 이게 웬걸! 평생 도서관 등에서는 한 번도 느껴보지 못한 독서에 대한 집중력이 솟구치는 거다. 만화가 이렇게 재밌었던 건가? 게다가 세상만사 모든 일에서 빼놓을 수 없는 바로 먹거리 부분. 경험해본 사람이라면 다들 잘 알겠지만 같은 음식이라도 만화를 보면서 먹으면 왜 그리도 맛이 나는 건지. 모락모락 김이 나는 라면은 당연하고 노릇노릇한 쥐포구이도 일품. 하물며 다른 곳에서도 늘 접하던 과자까지! 그곳에서 만화를 보며 하나씩 집어 먹다 보면 어느새 한 봉지 뚝딱이었다.

그렇게 만화를 보며 간식을 먹으며 시간을 보내다 보면 4~5시간은 금세 지나가기도 했다. 아내는 지금도 추리물을 좋아해서 그때부터 《명탐정 코난》을 처음부터 정독했었고 뭔가 어른 냄새나는 작품을 좋아했던 나는 《시마과장》이란 만화를 꾸준히 읽었다. 그래서 우리 커플은 그 후로 틈만 나면 만화방을 찾아 데이트를 그리고 만화책 보기를 즐겼었다.

어느덧 세월은 흐르고 모든 결혼생활이 그렇듯 아이가 생기고 나니 만화방은 우리 부부가 흔히 찾을 수 있는 곳이 아니게 되었다. 아이가 어릴 때는 부모님께 아이를 맡기고 잠깐씩 만화방 데이트를 시도해보기도 했지만 아이가 이유도 없이 울음을 터뜨리는 통에 부모님들이 당황하시고 결국 편치 않은 마음에 우리도 만화를 보다 말고 아이를 보러 돌아왔던 적도 있었다. 그게 뭐 얼마나 대단한 일이라고 아이를 떼놓으면서까지 부모님 진땀을 쏙 빼놓으면서까지 만화를 보고 싶지는 않았던 것 같다. 그렇게 점점 만화와 멀어지고만 있었는데 다시 시간이 흘러 딸아이가 어느 정도 크고 나니 예전에 아내와 했던 만화 데이트를 이제 다시 딸과 할 수 있게 된 것이다.

딸과 함께 하는 만화카페 데이트

앞서도 말했지만 언젠가부터 휴일에 마땅히 할 일이 없을 때 우리 가족의 어김없는 선택은 바로 만화카페이다. 예전에는 만화방이 대부분이었지만 언젠가부턴 깔끔한 인테리어에 커피숍처럼 커피도 팔고 어지간한 식당 못지않게 다양한 음식도 있어 10~20대들이 흔히 찾는 만화카페를 더 흔히 볼 수 있게 되었다.

만화를 보러 가자는 말이 떨어지자마자 후다닥 옷을 챙겨 입고 가벼운 마음으로 차를 타고 10분 정도 가면 우리 가족이 즐겨 찾는 만화카페에 도착. 우선 시간을 정해야 하는데 우리는 주로 2시간 아니면 3시간을 선택하는 편이다.

그 후 적당한 자리를 고른 후 최대한 몸과 마음이 편할만한 자세를 잡는다. 이제 본격적인 독서 타임. 딸아이는 예전부터 좋아했던 《엉덩이 탐정》 시리즈를 읽고 나는 그 옛날 데이트 시절부터 읽어왔던, 이제는 회장이 된 《시마과장》 시리즈를 읽는다. 물론 요즘 나오는 웹툰을 스마트폰으로 즐기는 것도 나쁘지 않지만 이렇게 종이를 한 장 한 장 넘기면서 만화책을 보는 매력은 또 따로 있는 것 같다.

열심히 만화책을 읽다가 목이 마를 때면 시원한 음료를 마시기도 하고 더구나 여름처럼 더운 날씨에 에어컨 빵빵한 곳에서 최대한 자유분방한 자세로 만화책을 읽다 보면 이런 걸 바로 신선놀음이라고 하는 건가 싶기도 하다. 물론 책 읽다 졸리면 바로 눈감고 자도 아무도 뭐라 할 사람이 없다. 우리는 아직까지 경험해본 적은 없지만 다른 사람들은 설치되어 있는 스크린을 통해 TV 프로그램이나 영화를 보기도 한다.

그리고 그 옛날 그랬던 것처럼 빼놓을 수 없는 간식 코스. 집에서는 가능하면 라면 같은 음식을 안 먹이려고 하는데 이런 곳에 나오면 그래도 허락하는 편이다. 나름의 이벤트라고나 할까? 한편으론 아빠랑 나오면 이렇게 좋은 일이 생긴다는 생각을 심어주려는 나의 얕은 꼼수기도 하다. 딸아이도 그걸 아는지 꼭 만화카페에 와서는 라면을 먹자고 한다. 어쩌면 라면 때문에 만화카페에 가자는 것일 수도 있겠다 싶게 정말 맛있게 먹는다. 도대체 라면에 무슨 조화를 부린 건지는 모르겠지만 집에서 끓이면 도저히 낼 수 없는 탁월한 맛을 자랑하는 라면. 근데 참 이상한 것은 계속 맛있다고 하면서 왜 남기는 건지 모르겠다는 거다. 맛있는 걸 남겨본 적이 없는 아빠는 이해할 수가 없다. 그래서 결국 남은 라면은 아빠의 몫. 아무튼 요즘 같은 고물가 시대에 이렇게 읽고 보고 마시며, 멀티로 문화를 즐기면서 두세 시간을 보내봐야 가격은 2~3만 원 정도면 충분하다.

어느새 예약한 시간이 다 지나고, 보통의 경우 아이들은 더 있고 싶다고 고집을 부리는 경우가 대부분이다. 우리 아이의 경우도 물론 그랬다. 그럴 때마다 조금은 단호하게 오늘은 더 이상 안 된다고 말해 주었다. 부모로서 끊을 때는 과감하게 끊는 모습도 보여줘야 한다고 생각한다. 그러고 난 후 다음에 꼭 다시 오자고 아이를 설득한다. 물론 아빠의 말에 힘이 실리기 위해선 이렇게 했던 약속들은 꼭 지키려고 노력해야 한다. 그런 신뢰가 쌓여야 아이도 아빠의 말을 들을 게 아닌가. 같이 있으면 재미도 있지만 약속은 꼭 지키려는 아빠. 이게 내가 바라는 이상적인 아빠의 모습이다. 이렇게 아쉬운 마음을 뒤로 하고 만화책을 정리하고 계산을 하고 주차권을 받고서는 카페 문을 나선다. 집으로 돌아오는 차 안. 딸아이는 이렇게 외친다.

"아빠 우리 다음 주에 또 만화 보러 갈까?"

아빠는
OB 베어스의
팬입니다

때는 바야흐로 1982년 10월 어느 날. 국민학교 1학년인 남자아이가 안방에 있던 14인치 텔레비전 앞에 앉아 OB 베어스와 삼성 라이온즈의 한국시리즈 결승전을 보고 있다. 손에 땀을 쥐는 접전 끝에 9회말 터진 OB 베어스 김유동 선수의 역전 만루 홈런(분명히 역전 홈런이라고 기억하고 있었는데 이 글을 쓰며 기록을 뒤져보니 역전 홈런은 아니었다. 사람의 기억이란...). 이로써 OB 베어스는 한국 프로야구 첫 한국시리즈 우승의 주인공이 된다. 그리고 그 아이는 그때의 감격을 잊지 못해 지금까지도 두산 베어스(전 OB 베어스)를 응원하고 있다는 전설이...

40여 년이 지났는데도 그날의 감동과 흥분은 쉽게 잊히지가 않는다. 어린 마음에 응원하는 팀이 우승하기를 간절히 빌며 TV를 보던 기억이 생생하기만 하다. 언제부터인지는 정확히 모르지만 아마 국민학생이 되기 훨씬 전부터 야구를 좋아했던 것 같다. 그때는 프로야구가 없던 시절이었는데도 TV에서 중계해주던 고교 야구를 보며 야구에 대한 지식과 애정을 키워나갔다. 벽에다가 야구공을 던지며 "던졌습니다~ 쳤습니다~" 혼자 투수, 타자 그리고 캐스터 역할을 번갈아 하기도 하며 야구 선수 흉내를 낸 것은 물론이고. 심지어 당시 다니던 국민학교에 야구부가 있어서 괜히 그 주변을 어슬렁거리기도 했다.

그러다 1982년. 배후에 어떤 정치적인 목적이 있었는지 알 수는 없으나 우리 나라에도 드디어 프로야구가 출범하게 되었고. 단지 어린 시절 집 근처에 OB 맥주 회사가 있다는 이유만으로 엄마 손에 이끌려 그곳에 찾아가 어린이 회원에 등록하게 되는데... 그 해 가을 그 어린이 회원이 집에서 TV를 통해 첫 우승의 기쁨을 함께 하게 된 것이다. 우승 후에 받았던 열쇠고리며 선수들의 사인이 담긴 엽서 같은 우승 기념품들이 아직도 생생하게 기억나기도 한다. 세월이 흘러 대학에 가서도 직장을 다니면서도 운 좋게 경기장에서 한국시리즈 우승의 감격을 함께 느낄 수 있었고 지금까지 베어스의 팬으로 살고 있다.

야구장 데이트를 위한 아빠의 큰 그림

남자들의 대표적 로망이 아빠가 되어서 아들과 목욕탕 가는 거랑 아이에게 자기가 좋아하는 팀 옷 입혀서 함께 야구장 가는 거라는 얘기를 들은 적이 있다. 우리 집의 경우 딸이라서 목욕탕은 같이 가기 어렵지만 야구장이야 얼마든지 갈 수 있었다. 그런데 섣불리 데려갔다가 야구장은 지루하고 재미없는 곳이란 인식이 박혀버릴 수도 있는 법. 그래서 야구와의 자연스러운 만남을 위해 치밀한 작전을 세웠다. 경기장 가기 몇 달 전부터 조금씩 훈련 아닌 훈련을 시켰다고나 할까?

우선 야구라는 게 뭔지를 가르쳐야 했다. 야구라는 게 쉽게 말해 공을 던지면 방망이로 그 공을 때리는 거긴 한데 야구를 전혀 모르는 사람에게 야구의 룰을 설명해본 적 있는 사람은 의외로 야구가 무척이나 복잡한 게임이란 걸 깨닫게 된다. 난 어렸을 때 누가 가르쳐주지도 않았는데 도대체 그 복잡한 룰을 어떻게 알았을까? 여하튼 유치원생 아이를 붙잡고 도루란? 병살타란? 희생번

트란? 뭐 그런 것들을 가르칠 수는 없는 노릇.

우선 주말마다 거실에서 야구의 맛을 보여 주었다. 아이에게는 커다란 장난 감 테니스라켓을 들게 하고 나는 집에 있는 것 중 제일 말랑말랑한 공을 골라 투수인 척 던지는 거다. 이때 아이가 치기 좋게 던지는 게 중요한데 사실 아이 가 친다기보다는 아이가 들고 있는 배트(테니스라켓)에 최대한 가깝게 공을 던 지는 것이다. 그러다 운 좋게 아이가 공을 때리면 "안타~" 좀 더 멀리 나가면 "홈런~" 맞히지 못하면 "스윙~" 이러면서 자연스럽게 야구의 기본 개념을 가 르쳐주었다.

그리고 다음 단계는 TV 시청. 가끔씩 TV로 중계를 함께 보면서 두산 베어스 가 우리 편이라는 사실을 자연스럽게 세뇌시켰다. "방금 공 잡은 사람이 정수 빈이야, 지금 안타 친 타자는 허경민이야, 저기 저 아저씨가 김태형 감독이야. 학교로 치면 담임 선생님 같은 분이야." 반복적으로 아빠와 함께 잠깐씩이라 도 경기를 보며 응원하다 보니 어느 순간부터 두산 베어스는 우리 팀이라는 인식이 박히게 되었고 그 후엔 야구 규칙이 정확하게 뭔지도 모르면서 두산이 이기면 기뻐하고 지면 기분 나빠하는 수준에 이르게 되었다. 그리고 또 한 가 지, 언젠가 가게 될 직관을 대비해 유튜브를 통해 각 선수들의 응원가도 예습 해두었다.

이 정도면 준비가 됐다 싶었다. 드디어 본격적인 야구장 나들이. 며칠 전부터 인터넷을 통해 두산 베어스 티셔츠를 커플 디자인으로 맞춰 주문해 놨다. 혹 시나 아이가 지루해서 중간에 나가자고 할까 봐 본전 생각에 가장 저렴한 외 야석으로 자리를 예매했다.

야구장의 매력

드디어 홈구장인 잠실 야구장에 도착. 이해를 돕기 위해 경기가 진행되는 동안 최대한 아이 눈높이에서 맞춤 해설을 쉴 새 없이 해주었다. 야구장에서 빼놓을 수 없는 치킨 그리고 홈런볼 등 간식도 계속 사 먹이면서 야구장은 최대한 즐겁고 재밌는 곳이란 인식을 심어주려고 했다. 다른 걸 떠나서 햇살 좋은 어느 날, 탁 트인 야구장에서 많은 사람들과 모여 선수들 플레이를 보며 응원하고 소리 지르고 흥겨운 음악과 함께 치어리더 언니들의 신나는 율동도 보고 목청껏 응원가를 따라 부르고...

가본 사람들은 알겠지만 아이가 느낄만한 야구장의 매력은 한두 가지가 아니었다. 비록 경기 중반을 넘어가며 엄마 무릎에 기대어 잠이 들긴 했지만, 그래서 경기가 끝나고 나서야 깨워서 집에 와야 하긴 했지만 이 정도면 처음치고 장족의 발전.

그 뒤로 매해 여름이 지나고 나면 가끔씩 딸과 함께 옷을 맞춰 입고 야구장 엘 다니고 있다. 왜 여름이 지나서냐고? 원래 두산 팬들은 가을부터 야구를 본격적으로 보기 시작한다. 다른 팀 팬들은 무슨 소린지 잘 이해 못해도 할 수 없다.

주변 야구팬들을 보면 내가 야구를 엄청 좋아하는 편은 아닌 것 같다. 딸아이에게 야구를 가르치고 같은 팀으로 끌어들인 이유는 꼭 야구가 좋아서라기보다 딸과 함께 공유하고픈 추억거리를 만들고자 함이 큰 것 같다. 나중이 되어서 그 야구가 아빠와 딸의 연결고리 역할을 할 수도 있을 것이고. 어쩌면 대학생 딸이 아빠에게 야구장 한번 같이 가자고 먼저 얘기해줄 수도 있는 일이고.

오늘도 딸아이 학원을 데려다주는데 공터에서 어떤 아빠와 아들이 야구를 하며 노는 모습이 보였다. 그런데 그 모습을 보던 딸의 뜻밖의 한 마디! "난 이제 야구 보기 싫어!" 아마도 지난 도쿄 올림픽에서 우리나라 야구팀이 졸전을 벌인 끝에 4위를 차지한 모습을 보고 야구에 대한 관심이 사그라들었기 때문일 거다. 그래도 찬바람이 불 때쯤에 한번 슬쩍 딸을 또 꼬셔봐야 할 거 같다.

"이번 주말에 아빠랑 야구장 갈까?"

싫다고 하면 가서 치킨에 콜라도 사준다고 해야겠다. 곰 인형 달린 머리띠도 하나 새로 사줘야 하나...

　PD 아빠의 예능 육아

집 근처에
도서관이 있나요?

어렸을 적부터 책 읽기를 즐기는 편이 아니었다. 심지어 대부분의 어린애들이 죽고 못 산다는 만화책도 무척 좋아했다고는 할 수 없을 정도다. '하루라도 책을 읽지 않으면 입안에 가시가 돋는다.'라는 말이 있다. 그런데 난 잠시라도 책을 읽으려고 하면 엉덩이에 가시가 돋는 것 같았다. 그렇게 책을 싫어했는데 그나마 억지로 교과서, 참고서라도 봤으니 지금 이 정도 사람 구실하고 사는구나 싶기도 하다. 그러니 이런 한심한 아빠를 보고 도대체 우리 아이가 뭘 배우고 자라겠는가!

그런데 다행히도 정말 다행히도 나와 달리 우리 아내는 책 읽기를 즐겨하는 편이다. 특히 추리물이나 스릴러 장르를 좋아해서 한번 꽂히면 며칠에 걸쳐 잠을 안 자고 새벽까지 완독을 하는 스타일이다. 그러고 보니 문득 아내 앞에서 함부로 거짓말했다가 걸리는 날엔 뼈도 못 추리겠다는 생각에 모골이 송연해진다. 추리물과 스릴러가 결합하여 실생활에 적용되기라도 하면 큰일 날 테니까.

아무튼 아빠의 부족한 점을 엄마가 채워주는 경우인데 다행 중 다행으로 딸아이는 최소한 이런 점에서만큼은 아빠를 닮지 않고 엄마를 닮아 책 읽기를 무척 즐겨하는 편이다. 아무래도 집에서 책을 자주 읽는 엄마에게 영향을 받았지 싶은데 혼자 놀다가 한참 조용해졌다 싶으면 자기 방에 또는 거실 소파에 가만히 앉아 책을 읽는 경우가 많았다. 장르도 가리지 않아 동화책, 위인전, 과학책 등등을 닥치는 대로 읽었는데 최소 독서 습관에서만큼은 편식을 하지 않아 더욱 바람직했다. 밥도 좀 그렇게 골고루 먹어주었으면 좋겠지만.

독서광 딸을 둔 아빠의 고찰(?)

어려서부터 책을 많이 읽다 보니 초등학교에 들어가서부터는 그림 분량이 적고 글밥이 많은 책들도 꽤 수월하게 읽을 수 있었다. 이러한 아이의 독서 습관에 그나마 아빠가 기여한 것을 꼽자면 어렸을 때부터 동화책을 자주 읽어준 게 아닐까 싶다. 무슨 영화나 드라마에서처럼 꼭 자기 전에 머리맡에서만 읽어준 것은 아니었고 퇴근하고 시간 날 때마다 한두 권 이상씩은 읽어주려 했다. 전문가들에 따르면 어린 시절 아이에게 소리 내어 책을 읽어주면 문해력 향상에 큰 도움이 된다는데 꼭 문해력 향상만을 위해서라기보다, 사실 저 깊은 곳 속내를 밝히자면 몸으로 놀아줘야 되는 다른 놀이보다 가만히 앉아서 입만 나불대면 되는 책 읽기 놀이가 그나마 편하다는 이유도 크게 작용했다. 물론 아이 입장에선 구연동화처럼 읽어 주는 엄마에 비해 한없이 밋밋하긴 했겠지만 그래도 최선을 다해 읽었다.

학교를 졸업하고 사회에 나와서 책을 소리 내어 읽을 일이 별로 없었는데 오랜만에 읽어 보니 내 목소리가 낯설 때가 한두 번이 아니었다. 게다가 내 발음이 이렇게 별로였나 싶을 때도 많았는데 행여나 나의 잘못된 발음을 딸아이가 따라 배울까 봐 그야말로 책 읽듯이 또박또박 읽으려고도 노력했다. 그러다 보니 가끔은 딸아이에게 "아빠, 이상하게 읽지 말고 제대로 읽어줘."라는 핀

잔을 들기도 했지만.

이렇게 책을 좋아하다 보니 틈틈이 서점에 갈 때마다 한두 권씩 마음에 드는 책을 사는 것은 물론이고 전집 같은 경우엔 새 책이나 헌책을 가리지 않고 방 안 책장을 가득 채울 정도로 잔뜩 사줬다. 물론 어느 정도 시간이 지나면 그 책들을 다 읽었다.

그러나 아무리 중고책 매매가 활발하다 해도 이렇게 왕성한 독서 욕구를 만족 시킬만한 양의 책을 그때그때 사줄 수는 없는 노릇이었다. 그래서 일종의 궁 여지책으로 아내가 선택한 건 도서관이었다. 마침 4살 때 이사를 온 집 바로 근처에 도서관이 있어 접근성이 좋아진 것도 한몫했다. 이렇게 참새가 방앗간 들르듯이 집 근처 도서관을 들락거리면서 더욱 더 책과 친해지게 됐는데 아내 의 말에 따르면 아빠가 없는 평일 오후엔 도서관에 가서 한참을 책을 보기도 하고 아쉬우면 책을 집에 빌려 오기도 한다고 했다. 요즘도 일주일마다 10권 가까이 책을 빌려오고 대여 기간 안에 그 책을 다 읽는 정도다. 심지어 재밌는

책은 두세 번씩 반복해서 보기도 한다. 거의 매주 이렇게 하니 독서량은 정말 놀라울 정도다. 어쩌면 태어난 지 10년 만에 아빠가 이제껏 평생 읽은 책 보다 많은 책을 읽었을 수도 있겠다 싶기도 하다.

그리고 도서관에선 자원봉사자 분들이 아이들에게 책을 읽어주는 서비스도 있어서 어릴 때는 종종 유용하게 이용하기도 했다고 한다. 그러고 보니 아빠가 책 읽어주는 게 가장 편했던 것처럼 엄마는 도서관 가는 게 제일 쉬운 놀이였는지도 모르겠다. 어쨌거나 이러한 엄마 아빠의 귀차니즘 덕분에 아이가 도서관 그리고 책과 친해지게 됐으니 그럼 된 거지 뭐.

 아이의 엄지 척을 부르는 육아 꿀팁!

> 사실 도서관에선 책만 읽을 수 있는 것이 아니다. 부모와 아이가 함께 할 수 있는 다양한 프로그램들도 있는데 언젠가 토요일에 아내가 사전 신청을 해서 그리고 높은 경쟁률을 뚫고 당첨이 되어서 아이와 함께 도서관 체험교육 프로그램에 참석한 적이 있다. 아빠와 함께 만드는 김밥 만들기 프로그램이었는데 흔히 볼 수 있는 평범한 김밥이 아니라 자르고 나면 김밥 속 재료 단면이 마치 자동차처럼 보이는 신기한 김밥이었다. 아이와 함께 한 시간 정도 요리를 배우고 나니 친밀도도 높아지고 심지어 아빠 입장에서도 재밌게 수업을 들었던 기억이 난다. 물론 집에 가지고 와서 맛있게 먹기도 했고.

당연히 자랑은 아니지만 대학 다닐 때 공부를 죽어라 안 했기에 4년 동안 도서관에 간 횟수가 솔직히 10번도 안될 정도다. 이만큼 도서관과 안 친한 아빠를 위해 자기는 도서관에 자주 와봤다면서 프로그램 참여차 처음으로 동네 도서관을 찾은 아빠를 위해 이렇게 안내를 하고 저렇게 설명도 해주는 딸이 무척이나 기특해 보였다. 이럴 때 '아유 우리 딸 다 키웠네.'라는 말을 쓰는 거겠지? 아이가 있다면 집을 고를 때 학군이 좋다거나 학원이 가까운지만 고려치 말고 근처에 이용하기 편안한 도서관이 있는지도 체크리스트에 넣었으면 좋겠다. 어쩌면 영어 단어 하나보다 수학 공식 하나보다 우연히 읽은 책 한 줄이 아이 인생에 더욱 긍정적으로 작용할지도 모르니까. 멀지 않은 미래에 인공지능이 영어를 자동 번역해주고 복잡한 수식도 한방에 풀어주겠지만 책에 담긴 지혜를 익히는 것만큼은 그리고 그 재미를 느끼는 것만큼은 인간의 고유 영역으로 남아 있게 되지 않을까?

이번 주말 마땅한 나들이 장소가 생각나지 않으면 책을 좋아하는 아이 그리고 아내와 함께 도서관에 들러봐야겠다. 아무리 책 읽기를 좋아하지 않는 나지만 환경이 사람을 만든다고 도서관에 가서 앉아 있으면 그래도 책을 좀 보게 되지 않겠는가? 혹시 졸릴 수도 있으니 가기 전에 샷 추가한 아이스커피 한 잔을 텀블러에 담아 가야겠다. 혹시 읽을 만한 책이 없어 심심할 수도 있으니 넷플릭스 시청을 위해 이어폰도 챙겨가야겠다. 혹시 끝나고 출출할 수도 있으니 집에 오기 전에 오랜만에 근처에 있는 유명한 떡볶이집을 들러봐야 하나... 이래저래 이번 주말에도 아빠가 책 읽기에 오롯이 집중하기란 아무래도 틀린 거 같기도 하다.

체험 삶과
육아의 현장

지금은 방송에서 자주 볼 수는 없지만 아카데미상 수상 배우 윤여정 씨의 전 남편으로 더 유명한 조영남 씨가 오랜 시간 동안 MC를 봐온 프로그램이 있다. 한때 〈TV는 사랑을 싣고〉와 쌍벽을 이루며 수많은 시청자들에게 오랫동안 사랑을 받아온 프로그램, 바로 〈체험 삶의 현장〉이다. 이 글을 쓰기 직전까지 〈삶의 체험 현장〉인지 〈체험 삶의 현장〉인지 헷갈렸으나 검색 결과 정확한 프로그램명은 〈체험 삶의 현장〉이었다.

연예인 출연자들이 전국 각지의 일터로 가서 일을 하고 받아온 일당을 좋은 일에 쓴다는 취지의 프로그램인데 특히나 인상적이었던 건 조영남 아저씨가 "여기는 대한민국~ 어쩌고" 하면 출연자들이 유니콘 모형을 타고 올라가 위에 있는 모금함 안에 일당 봉투를 넣는 것으로 끝나는 엔딩이었다. 지금 생각하면 회사 홍보 차원에서도 그렇고 좋은 곳에 쓴다는 명분 때문에도 그랬겠지만 보통의 경우 시세보다 일당을 조금 더 후하게 쳐주는 경우가 많아 용돈이 넉넉지 않았던 대학생 시절 TV를 보며 저런 데서 아르바이트하면 돈도 많이 벌고 좋겠다, 요즘 말로 꿀이겠다는 철없는 생각도 했더랬다.

프로그램의 핵심이자 재미 포인트는 바로 연예인들이 평소에 해보지 않은 육체 노동을 하면서 손에 익지 않은 일을 하느라 땀을 뻘뻘 흘리며 개고생 하는 모습을 보는 것이었다. 프로그램의 기획 의도는 땀의 의미나 노동의 신성함을 배운다 뭐 그런 것이었겠지만 방송가에 입문하고 나서 선배들에게 듣기론 그 당시 땡땡이치며 대충대충 일하는 척만 하는 연예인도 많았다는 카더라 통신을 듣고 실망했던 기억도 있다. 그러고 보니 이 프로그램의 전성기는 주로 90년대였으니 젊은 아빠들은 저 아재가 무슨 소린가 싶을 수도 있겠다.

그동안 경험을 돌아보건대 육아에 있어 이러한 현장 체험 놀이는 무척 재미있고 의미도 있다고 할 수 있다. 우리 딸아이는 특히나 예전부터 어디를 가면 꼭 '체험'할 게 있는지 물어보는 편이다. 엄마 아빠가 경치 좋은 데라고 데려가서 "봐봐, 멋지지? 거기 좀 서봐, 사진 좀 찍게. 웃어야지~ 활짝 웃어야 사진이 이쁘게 나오지~" 하면서 끌고 다니면 얼마 안가 이미 입이 대빨 나와 있다. "하나도 안 멋있어. 하나도 재미없어." 이렇게 툴툴거리면서. 그래서 아이를 꼬드길만한 요소가 꼭 있어야 하는데 주로 무엇을 만들거나 경험해보는 것을 나들이 코스 중에 하나로 꼭 집어넣었었다. 그래서 어떤 체험이 있냐고? 이쯤에서 10년 육아 노하우를 대방출하겠다. 가성비, 접근성, 만족도 등을 고려해 육아 체험 현장 BEST 3를 꼽아보았다.

육아 체험 현장 BEST 3

우선 첫 번째는 '피자 만들기' 체험이다. 말 그대로 피자를 만드는 것이다. 아이가 비교적 어릴 때인 5~6살 때 하면 적당한 체험이라고 할 수 있다. '피자 만들기 되게 어렵고 복잡할 거 같은데 어떻게 애가 만들지?'란 걱정은 할 필요가 없다. TV에서 봤던 것처럼 밀가루를 반죽해서 공중에 휘휘 돌려 도우를 만들고 그런 건 절대 없다. 가보면 정말 딱 애가 만들기 좋게 준비를 해놓았다. 그분들은 돈 받고 영업하는 프로들이다. 괜히 프로가 아니다. 믿으면 된다. 양파며 햄이며 올리브며 토핑 할 재료들도 종류별로 딱 적당한 크기로 잘려 있는데 그저 아이와 함께 준비된 도우에 토핑을 '마음대로' 올리기만 하면 된다. 여기서 마음대로가 중요한데 아이에게 '세상에 하나뿐인 나만의 피자를 만드는 거다'라고 설명을 해주면 더 집중해서 하는 것 같기도 했다.

토핑이 끝난 후 화덕에 넣어 구우면 피자가 완성되는데... 갓 구운 피자의 맛이란 배달해서 먹는 피자랑 차원이 다르다. 물론 남으면 포장해서 집으로 가져갈 수도 있다. 꼭 그런 건 아니지만 피자 체험을 할 수 있는 곳에는 치즈 체험도 할 수 있는 경우가 많은데 치즈의 역사나 만들어지는 원리에 대해 설명해주기도 하고 스트링 치즈를 직접 만들어볼 수도 있어서 그 역시 유익하고 신기한 체험이었다. 사실 아이 아니었으면 내가 어디 가서 피자나 치즈를 직접 만들어 보겠는가, 아니 만드는 걸 구경이나 해보겠는가?

또 이런 피자 체험을 하는 곳은 보통 교외에 자리 잡은 경우가 많은데 또 보통 그런 경우 토끼나 양 같은 동물들이 주변에 있어 먹이주기 체험도 가능한 곳이 많다. 이것도 아이들이 좋아하니 '저런 당근이 마트에서 사면 얼마나 한다고' 같은 생각 하지 말고 이왕 나온 거 아이에게 먹이주기 체험도 시켜주길 바란다. 참고로 케이크 만들기 체험도 이와 유사한 점이 많다. 아이가 피자 만들기에 재미를 느꼈다면 만족도가 높을 가능성이 크므로 한번 도전해볼 만하겠다.

두 번째는 '**비누 만들기**' 체험이다. 비누 만들기 체험은 아이가 비교적 좀 큰 다음, 그래도 초등학생은 되어야 적당하다고 할 수 있는데 피자의 경우와 달리 집중력과 섬세함이 꽤나 요구되기 때문이다. 만드는 방법은 역시나 무척 간단하다. 기본적으로 비누 용액에 색과 향을 첨가하고 원하는 틀에 조심스레 부은 다음 굳히면 끝! 너무 간단해서 재미없다 싶을 수도 있는데 다양한 모양의 틀을 골라 만드는 재미도 있고 색이나 향을 여러 가지로 혼합하여 만들 수도 있어 시간 가는 줄 모르고 만들게 된다.

그리고 비누 만들기 체험의 결정적인 장점은 바로 극강의 실용성을 자랑한다는 점이다. 사실 피자의 경우 어떻게 보면 돈 주고 사 먹는 것보다 직접 만들어 먹는 편이 훨씬 비싸다고 할 수 있다. 물론 먹으려고만 하는 건 아니지만. 그런데 비누 만들기는 이와 유사한 천연 비누를 살 경우 값이 만만치 않아 직접 만드는 게 경제적이란 생각이 들기도 했다. 그리고 아닌 말로 비누 안 쓰는 집 없지 않은가. 집에 갖고 와서 알뜰살뜰 한참 동안 참 잘 썼다. 방부제를 넣지 않은 천연 비누라 빨리 써야 한다고 해서 열심히 썼는데 아빠들을 위한 박하향 잔뜩 때려 박은 비누는 특히 여름에 강추한다. TMI지만 샴푸 쓰는 걸 줄여보고자 일반 비누로 머리를 감으면 금세 간지러워져 못 참는 편인데 이 비누로는 여름 내내 별 탈 없이 머리를 잘 감았다. 꽤 많은 양의 비누를 만들게 되니 가족이나 지인들에게 나눠줄 수 있는 것도 큰 장점일 것이다.

마지막 체험은 **'블루베리 따기'** 체험이다. 농사가 힘든 건 씨를 뿌리고 잡초를 뽑고 물을 주고 하는 지난한 과정 때문이라고 할 수 있다. 하지만 수확 체험은 이런 모든 과정은 다 생략하고 오로지 결실을 얻는 과정만 진행되니 압축적으로 농사의 즐거움을 맛볼 수 있다는 장점이 있다.

블루베리 체험 농장에 가면 먼저 투명 플라스틱 포장용기를 나눠주는데 그 안에 담을 수 있을 만큼 블루베리를 따서 담으면 된다. 솔직히 100% 믿지는 못하겠지만 농약을 뿌리지 않았으므로 중간에 얼마든지 따먹어도 된다고 했다. 다 비슷하게 생겼는데 나무마다 블루베리 맛이 조금씩 다르다는 것이 신기했다. 하나씩 하나씩 똑 똑 따는 재미가 나름 있다. 그것도 농사일이라고 힘들긴 하지만 힘들다 싶으면 어느새 한통이 다 채워져 있어 걱정할 정도는 아니다.

그리고 역시나 블루베리 따기로 끝나지는 않는데 현장에서 딴 블루베리로 빙수를 만들어 먹을 수 있어서 참 맛있고 시원하게 먹은 기억이 있다. 이와 유사한 체험으로는 딸기나 귤 따기 등이 있는데 경험해본 바로는 블루베리 따기 체험이 가장 기억에 남았다. 다른 과일에 비해 상대적으로 흔하지 않아 어쩐지 유니크하다고나 할까?

이외에도 더 많은 체험들이 있겠지만 우리 아이가 경험해본 것 중 베스트 체험은 이 정도인 것 같다. 이러한 체험놀이의 장점은 교육 목적을 비롯해 여러 가지가 있지만 우리 아빠들이 가장 솔깃해할 만한 것은 바로 시간이 잘 간다는 것이다. 일단 차를 타고 어딜 멀리 가야 하고 거기에 체험하는 시간까지 합치면 보통 3~4시간은 훌쩍 지나간다. 그리고 대개의 경우 체험 시간이 한 시간이 넘는데 그 시간 동안 다른 사람이 아주 정성껏 아이를 대신 봐준다고 해도 무방하니 편하게 쉴 수도 있다. 아! 여기서 주의해야 할 점. 아빠가 마냥 뒷짐 지고 놀아도 된다는 것은 아니다. 그때그때 즐거워하는 아이의 소중한 순간을 사진으로 남겨야 하니 긴장들 늦추지 마시길!

아빠와 딸의
노래방 데이트

고등학생 때였던 걸로 기억한다. 처음 노래방이란 곳엘 갔던 것은. 그 전엔 일본에서 전해져 온 일부의 놀이문화쯤으로 여겨졌던 가라오케가 좀 더 대중적으로 자리 잡은 것이 노래방이었다. 최신 유행처럼 동네마다 '메들리'니 '팡팡'이니 하는 노래방이 한두 곳씩 생기기 시작할 무렵, 그때는 노래방에 들어가면 입구에서 먼저 돈을 동전으로 바꿔야 했다. 만 원을 내면 500원짜리 20개를 주는 식이다. 물론 사장님 기분에 따라 서비스로 동전 한두 개를 더 얹어주기도 했다.

조악한 플라스틱 바구니에 동전을 그득 담고 방 안으로 입장해 노래를 한 곡할 때마다 자판기에 넣듯이 동전을 하나씩 넣는 식이었다. 그러고 보니 세월이 돌고 돌아 다시 코인 노래방이 생겼다고 봐야 할 수도 있겠다. 당연히 간주점프라던가 1절만 부르고 끊는다든지 하는 경우는 없었다. 왜냐고? 돈이 아까우니까! 그렇게 친구들과 함께 변진섭이나 심신 같은 가수들의 히트곡들을 목이 터져라 불렀었다. 고등학생이니 술 한 잔 입에도 안 대고 실론티 마셔가며 그렇게 신나게 놀았던 거다. 어떤 노래방에서는 손님이 부른 노래를 카세트테이프에 녹음해주기도 했었는데 그게 신기해서 집에 와선 한참을 듣곤 하기도 했다.

이만 아재 스토리는 각설하고.

성인이 되고 나서 난 노래방을 그리고 노래를 그렇게 좋아하지는 않게 되었다. 당연히 노래를 잘하지도 못하거니와 노래방 갈 시간과 노력으로 차라리 어디 가서 술 한 잔을 더하자는 생각이었던 것 같다. 내가 노래 부르기도 싫은데다가 남의 노래를 듣는 건 더더욱 고역이었으니까! 그런데 말이다. 아마도 다들 그렇겠지만 아이를 낳아 키우다 보면 본인의 취향쯤은 가볍게 무시할 정도가 되기 마련. 드디어 노래방에 내 발로 내 돈으로 그것도 기꺼이 갈 일이 생긴 것이다.

딸아이가 이 글을 보면 섭섭하다고 할 수도 있겠지만 우리 딸은 객관적으로 음정이나 박자 등을 종합적으로 고려한 가창력 측면에서 봤을 때 노래를 썩 잘 부르는 편은 아니다. 물론 내 귀엔 세상 어떤 소리보다도 아름답게 들리지만. 그래도 노래를 듣는 걸 꽤나 즐기는 편이어서 차를 타고 어디 좀 멀리라도 갈라치면 아빠한테 꼭 노래를 틀어 달라고 해서 신나게 따라 부르는 편이었다. 어릴 때까지만 해도 동요 위주였는데 유치원에 들어가고 머리가 좀 굵어지면서 친구들의 영향을 받기 시작한 건지 슬슬 가요에 대한 니즈도 생기기 시작했다. 한때 전국 유치원생 베스트 애창가요였던 아이콘의 〈사랑을 했다〉는 물론이고 지코의 〈아무 노래〉 그리고 사인을 받았던 인연으로 좋아하기 시작한 에이핑크 언니들의 노래까지. 처음엔 흥얼거리더니 나중엔 아빠에게 그 노래를 반복적으로 틀어달라고 해서 가사를 익히기 시작했다. 그 모습을 보다 보니 이참에 아예 제대로 한번 노래를 부를 수 있는 기회를 주면 어떨까 하는 생각이 들었다.

그래! 사랑하는 딸을 위해서 백 년만에 노래방이란 곳엘 가보는 거다!

당시 여기저기 코인 노래방이 우후죽순 생기며 유행하기 시작할 무렵이었다. 문화 체험 차원에서 한번 가보는 것도 나쁘지 않다고 생각되었다. 하루 제대로 날을 잡고 딸아이와 함께 집 근처 코인 노래방엘 가게 되었다.

코인 노래방이라 시간제는 안 되는 줄 알았는데 가능하다고 하기에 5,000원을 내고 30분을 예약했다. 드디어 입장. 생각보다 코인 노래방은 방 크기가 무척 좁았다. 아이도 뭔가 기대에 찬 표정. 심사숙고 끝에 첫 노래를 골랐다. 딸아이가 가요 중에 가장 좋아하는 에이핑크의 〈노노노〉를 부르기로 했다. 긴장된 표정에다가 두 손으로 마이크를 꼭 잡고 화면을 뚫어져라 쳐다보는 모습이 아빠의 눈엔 너무 귀엽기만 했다.

드디어 반주가 시작되고, 부단한 리슨 앤 리피트의 성과인지는 모르겠지만 화면에 나오는 가사를 생각보다 또박또박 잘 따라 부르는 게 아닌가. 음정과 박자도 그 정도면 나쁘지 않고. 이어지는 팡파르! "빰빠밤~ 와우! 어디서 좀 노

셨군요!!" 높은 점수에 금세 보름달 마냥 환해지는 딸의 얼굴. 기세를 몰아 내친김에 아는 가요를 다 끄집어내어 불렀다. 아빠가 좋아하는 트와이스 노래도 몇 번 듣지 않았는데 곧잘 부르기도 했다. 재롱잔치 때 배워 알고 있던 〈러브송〉과 〈오빠야〉도 불러보고. 아는 가요 밑천이 다 떨어지자 이번엔 동요 메들리. 그리고 뽀로로와 타요의 주제곡 그리고 크리스마스 캐럴까지! 훨씬 더 어릴 때부터 들었던 노래들을 싹 다 모아 신나게 불렀다.

'노래방이 이렇게 재미있는 곳이었던가!'

당연히 아빠인 나는 한 곡도 부르지 않았다. 노래를 부르기는커녕 제대로 한 번 앉아 보지도 못하고, 공간이 워낙에 좁기 때문에 어쩔 수 없이 벽에 바짝 붙어 서서 딸아이가 노래 부르는 모습을 사진으로 그리고 동영상으로 촬영하느라 정신이 없었다. 그렇게 화려했던 30분이 지나가고. 노래방에서 나와 집에 가는데 딸아이에게 재밌었냐고 물어보니 대답은 "다음에 또 가고 싶어." 그렇다면 대성공!

그 후 딸아이와 함께 한두 번 더 노래방을 갔었다. 최근엔 코로나 때문에 뜸해지긴 했지만. 아빠는 딸과의 노래방 데이트가 너무 좋았던 나머지 아예 블루투스 노래방 마이크를 사서 집이나 차에서 노래를 부르자고 꼬시는 중이다. 물론 아내와 딸의 반응은 시큰둥하기만 하다.

때때로 혼자 이런 상상을 해본다. 나중에 아주 나중에 우리 딸이 나이 든 아버지를 데리고 노래방에 가줄 수도 있겠구나. 그때 노래방은 어떤 모습일까? 최신식 노래방 시설에 적응 못해 더듬더듬 노래하는 날 위해 이렇게 저렇게 설명도 해주겠지? 잘 부르지도 못하는 노래 잘했다며 박수도 쳐주고 재밌었다며 나중에 또 오자고 말도 해주겠지? 아빠도 그랬으니 너도 꼭 한 번쯤은 노래방에 데리고 가줘야 해!

약속!

멍멍이가 좋아요

어린 시절 우리 집에서 키우던 강아지의 이름은 '복실이'였다. 언제부터 어떤 계기로 키우게 됐는지 기억은 나지 않지만 이름처럼 갈색 털이 복실복실한, 어떤 종인지도 도통 알 수 없는 자타공인 순수 혈통 '똥개'였다. 그 시절 이 땅에 살던 모든 똥개들이 그러했듯이 당시 우리가 살던 집 마당에서 주로 묶여 지냈으며 요즘 흔히 접할 수 있는 사료가 아닌 식구들이 먹다 남긴 음식을 먹었었다.

내 인생 첫 반려동물이다 보니 추억도 많다. 복실이는 암컷이었는데 며칠 동안 어머니 지인 분 집에 머물다 오더니 얼마 후 귀여운 새끼를 두 마리나 낳았던 기억이 새록새록하다. 나중에 생각해보니 그 며칠이 나름 복실이에겐 신혼여행 기간이었나 보다. 그 새끼 두 마리를 얼마 지나지 않아 다른 집에 주었는데 자기 새끼를 보내고선 밤새 아우~ 아우~하며 울던 소리도 기억이 난다.

이래저래 무척이나 정을 많이 준 강아지였는데 국민학교 2학년 무렵 사건이 발생한다. 학교에 다녀왔더니 복실이가 없는 것이다. 뭔가 이상한 낌새를 느끼곤 엄마에게 물었더니 개장수에게 파셨단다. 아니 이럴 수가 가족 같은 복실이를 팔다니. 지금 생각해보면 나름 사정이 있으셨을 거라 짐작되지만 당시엔 도대체 엄마의 속내를 이해할 수가 없었다. 몇 시간 동안 정말 목 놓아 울었던 것 같다. 그렇게 한참을 울다가 어린 마음에 엄마가 평소 갖고 싶었던 장난감을 사주기로 하셔서 진정을 했던 것 같다. 그렇게 반려동물과의 첫 추억은 아픔만 남기고 말았다.

두 번째 인연을 맺은 강아지는 '레인'이다. 세월이 한참 흘러 성인이 된 후 이야기다. 술자리를 마치고 집에 가다가 음료수를 사 마시기 위해 구멍가게에 들렀는데 마침 그 가게에 새끼 강아지들이 꼬물거리고 있었다. 너무 귀여워 주인 분과 이런저런 얘기를 나누다가 참 강아지가 이쁘다고 했더니 주인 분께서 그렇게 이쁘면 한 마리 데려가라고 했다. 그때 데려오지 말았어야 했는데... 술김이었는지 뭐였는지 충동적으로 집에 데려오고 말았다. 당시 부모님과 같이 살았는데 다음 날 아침 부모님께서는 무슨 강아지냐며 얼른 데려다주라고 하셨고 나는 무슨 고집인지 키울 수 있다며 뭉개기에 들어갔다. 그때 데려다 줬어야 하는 건데...

이름은 레인이라고 지었다. 똑똑하라고 브레인. 성이 '브' 이름이 '레인'이었다. 나중에 동물병원에 가서 선생님께 종이 뭐냐고 물어 보니 딱히 대답을 못 하시는 걸로 봐서 레인이도 순수 똥개인 것 같았다. 그러나 시간이 갈수록 내가 알아서 키우겠단 초심은 사라지고 일이 바쁘다는 핑계로 레인이를 돌보는 횟수가 줄어들었다. 결국 부모님의 일거리만 늘게 되었지만 그래도 그때까지는 레인이는 우리 집에서 함께 잘살았다. 한편으로는 부모님도 적적하실 텐데 레인이가 있으면 도움이 될 거라는 자기 합리화를 했던 것 같다.

그런데 얼마 후 당시 주택이었던 집을 팔고 아파트로 이사를 가게 되었는데 문제는 그때부터 시작되었다. 이사를 하자마자 어머니가 편찮으셔서 입원을 하실 일이 있었는데 집을 비운 며칠 동안 혼자 남은 레인이가 적응을 하지 못

하고 엄청나게 짖어대 이웃 주민들의 원성을 듣기 시작하게 된 것이다. 그 뒤로 사람이 집에 없을 때마다 짖어서 이웃 주민이 현관문에 시끄러워 못살겠다는 쪽지를 붙이는 일도 있었다. 그리고 얼마 후 나는 결혼을 하여 분가를 하였고 가끔 가다 부모님 댁을 찾아뵐 때 레인이 간식이나 옷을 사가는 걸로 면피를 하고 있었다.

그러던 어느 날 부모님 댁에 갔더니 레인이가 없었다. 동네 분께 레인이를 입양 보냈다는 말씀을 하셨다. 연로하신 부모님께서 돌보기에 힘에 부치셨을 뿐아니라 아파트에서 강아지를 키운다는 건 또 다른 차원의 문제였다, 당연히 내가 책임지지 못할 짓을 했기에 속으로는 섭섭했지만 겉으로는 절대 그 마음을 드러낼 수 없었고 드러내서도 안 됐다. 한동안 TV에 강아지가 나오면 레인이 생각이 나시는지 거실에서 보시다가 방으로 쓱 들어가시는 부모님의 모습을 보고 더욱 죄스럽기만 했다. 두 번째 반려견과의 추억도 이렇게 새드 엔딩으로 끝나고 말았다.

생명에 대한 책임

동물자유연대에서 조사한 결과에 따르면 한번 키우기 시작한 개를 죽을 때까지 키우는 비율이 고작 12% 밖에 되지 않는다고 한다. 더 놀라운 사실은 5년 미만이라는 답변이 무려 69%라는 것이다. 10마리 중 7마리는 무슨 이유에서건 얼마 되지 않아 첫 주인에게 버림을 받는다는 얘기다. 이런 결과에서 나 역시 자유로울 수 없었다. 책임지지 못할 짓을 했다는 죄책감. 그 죄책감이 너무 커서 한동안 꿈에서 레인이가 보일 지경이었다. 한 번은 꿈에서 레인이를 만났는데 나한테 안기더니 내 어깨를 툭툭 두드리면서 '괜찮아 괜찮아'라며 위로를 하기도 했다. 그러다 잠이 깨서 펑펑 울었던 기억도 있다. 그만큼 다시는 내 인생에서 강아지를 키우는 우는 범하지 않겠다고 다짐을 했었다. 그 얘기는 곧 책임지지 못할 짓은 다신 하지 않겠다는 다짐이기도 했다.

그런데 문제는 세상 모든 어린아이들이 그렇듯이 우리 딸아이도 언젠가부터 멍멍이를 키우고 싶다고 노래를 부르는 것이었다. 당연히 나의 대답은 노! 동네에서 돌아다니는 강아지를 마주치면 "멍멍이다~" 그러면서 한참을 쳐다보기도 하고 지인 분이 키우는 강아지를 보러 집에 가서 한동안 강아지와 놀다 올 정도로 좋아했다.

아이가 제대로 이해를 했는지는 알 수 없지만 나의 경험을 바탕으로 한참 동안 "강아지를 키운다는 건 어마어마한 책임감이 있어야 하는 거다, 책임질 자신이 없으면 시작을 말아야 한다, 게다가 강아지는 갖고 노는 장난감이나 사고파는 물건이 아니다, 소중한 생명이다, 생각보다 엄청 손이 많이 간다." 등의 설명을 해주었다. 어지간하면 다 받아주는 아빠가 강아지 문제만큼은 완강히 반대를 하니 아이도 일정 부분 포기를 한 모양이었다.

게다가 다행인지 불행인지 아내와 딸에게는 모두 개털 알레르기가 있다는 사실도 알게 되었다. 개가 있는 곳에 조금만 오래 있으면 눈이 간지러워지면서 빨개지는 증상이 나타나는 거였다. 이 알레르기 덕분에 개를 키우면 안 된다는 나의 주장에 더욱 힘이 실리기도 했다.

아이의 갈증을 채워주는 애견카페

그래도 매번 강아지가 보고 싶다는 말을 입에 달고 사는 아이가 안쓰러워 무슨 방법이 없을까 고민하다가 집 앞에 애견카페를 알게 되어 찾아가 보았다. 가기 전에 병원에서 처방 받은 알레르기용 안약을 눈에 넣고 가는 수고는 물론이었다. 애견호텔을 겸한 곳이었는데 본인의 강아지를 데려가지 않아도 입장이 되는 곳이었고 카페에서 원래 사는 강아지 및 투숙객 강아지들이 한데 어우러져 나름 주인분의 엄격한 교육과 통제 속에 지내고 있었다. 그곳에 가면 각양각색의 외모와 성격의 강아지들을 볼 수 있는데 이렇게라도 가끔 애견카페에 가서 아이의 갈증을 채워주니 나름 효과가 있어 당장 강아지를 키우자는 얘기도 뜸해지게 되었다.

아마도 많은 집에서 비슷한 양상일 것 같은데 여러 가지 이유로 강아지 키우기가 여의치 않은 집에서는 애견카페 가기를 적극 추천하고 싶다. 조금만 근

교로 나가면 넓게 탁 트인 곳도 있고 각종 음료며 다양한 음식들도 팔기 때문에 하루 나들이 코스로도 적당하다. 한참 강아지를 찾는 아이를 데려가면 부모와 아이 모두 만족도가 높을 것이다. 물론 아이와 강아지 모두를 위해 정해진 안전수칙을 준수하는 것은 필수사항이다.

언제 다시 딸아이가 강아지를 키우고 싶단 노래를 부르게 될지 알 수 없는 일이다. 회사 선배 중 한 분은 고양이 알레르기가 있음에도 아이들이 너무 고양이를 키우고 싶다고 졸라서 키우게 됐는데 그 덕분에 맨날 집에만 가면 눈이 퉁퉁 붓는다는 웃픈 얘기를 들려주기도 했다. 또 주변에서 들은 말로는 아이가 사춘기가 되면 엄마와 아이 모두에게 강아지를 키우는 게 차라리 도움이 된다고도 한다.

나의 다짐이 언제까지일지 모르지만 만약에 아주 만약에 딸아이의 성화에 못이겨 강아지를 맞아들이게 되면 나와 우리 가족 모두 평생 책임지겠다는 각오를 단단히 해야 할 것이다. 더불어 강아지의 특성상 우리보다 세상을 먼저 떠나게 될 것이 분명한데 그런 일이 닥쳐도 그 아픔을 이겨낼 수 있다는 각오까지 해야 할 것이다.

요즘엔 딸아이는 나에게 이렇게 말한다. 자기는 나중에 어른이 되면 큰집을 사서 마당에서 커다란 강아지를 키울 거란다. 아빠가 지금은 안 된다고 하니 딴에는 대안을 생각한 모양이다.

"그래, 아빠가 그거까지 막을 순 없겠다. 그때 되면 아빠가 너희 집에 가서 개똥도 치우고 사료도 주고 산책도 시킬게. 그래야 복실이, 레인이한테도 덜 미안할 것 같거든..."

딸과의 설레는 인사동 데이트

연애할 당시 확실한 데이트 원칙이 있었다. 그것은 바로 '뻔한 데이트를 반복하지 않을 것'이었는데 지금의 아내 그러니까 당시 여자 친구 분께서 하명해 주신 말씀인 "나는 매번 영화 보고 밥 먹고 하는 식의 평범한 패턴의 데이트는 원치 않노라!"에 따른 원칙이었다. 어느 데이트 하나라도 허투루 흘려보내지 말고 최선을 다해 임하라는 명이었는데 그 말씀을 충실히 받잡고자 그때부터 매번 새로운 데이트 코스 개발에 열중을 했다.

그렇게 연구에 연구를 거듭하다 보니 나름의 요령이 생겼는데 그건 바로 '지역별 공략법'이었다. 말은 거창하지만 뭐 딱히 어려울 건 없다. 하루에 한 지역을 정해서 그 지역 안에서 볼거리 먹거리 놀 거리를 다 해결하는 식인데, 이를테면 오늘의 지역을 경기도 포천으로 정했다고 치면 산정호수에 갔다가 이동갈비를 먹고 허브아일랜드 식물원으로 마무리하는 뭐 그런 방법이었다.

이렇게 데이트 계획 짜기에 열중하게 된 이유는 하늘만큼 땅만큼 여자 친구를 사랑하기 때문이기도 했지만 정말 다행히도 내가 무언가 계획 짜는 것을 즐기는 성격을 갖고 있기 때문이기도 했다. 언젠가 MBTI 검사를 했더니 ENTJ 유형으로 나왔는데 그 유형의 특징 중 하나가 늘 계획을 세우고 체계적으로 움직이는 거라고 하니 딱히 틀린 말도 아니다 싶기도 하다. 그래서 3년여 연애

시절 동안 이곳저곳으로 이것저것 참 많이도 경험할 수 있었다. 이 자리를 통해 내가 이런 노하우를 쌓을 수 있게 물심양면으로 지도 편달해주신 아내 분께 심심한 감사를 드리는 바이다.

너무나 당연하지만 아이가 태어나면서부터 이런 데이트는 언감생심 꿈도 못 꾸게 되었다. 물론 데이트가 아닌 가족 나들이에서도 나의 이런 계획적인 성격이 큰 도움이 되긴 했는데 어쩐지 나들이와 데이트는 느낌이 사뭇 달랐다. 그런데 실로 오랜만에 데이트를 할 기회가 주어졌다. 그것도 세상에서 가장 소중한 딸과의 데이트였다.

설렘 가득한 인사동 데이트

아이가 일곱 살이던 어느 주말 아침, 그날도 역시나 오늘은 또 뭐하고 놀까 스마트폰을 붙잡고 검색을 하고 있었다. 그러다가 한눈에 확 띄는 이름을 발견했는데 그것은 바로 〈놀이똥산〉이었다. 이름부터 강렬한 〈놀이똥산〉은 서울 인사동에 위치한 똥을 메인 콘셉트로 하는 체험형 전시관이었는데 블로그 등을 통해 검색해보니 평이 나쁘지 않았다. 똥과 방귀 같은 건 언제라도 아이들에게 호기심과 재미를 줄 수 있는 강력한 소재 아니던가? 아이에게 가고 싶냐고 물었더니 대답은 당연히 예스.

그리고 그날따라 어쩐지 가사 일에 지쳐 쉬고 싶은 아내를 위해 그리고 난생 처음 아빠와 딸의 데이트를 위해 단 둘이 인사동에 가기로 했다. 딸아이와 함께 지하철을 타고 가면서 이런 생각을 했다. '아기 때는 둘이 동네 커피숍 가는 것도 버거웠는데 어느새 컸다고 아빠와 둘이 인사동엘 가게 되다니...'

감개가 무량했다.

사실 평소 개인적으로 인사동 자체에 대한 큰 메리트는 느끼지 못하는 편이었다. 인사동에 처음 가봤던 건 예전에 외국 사는 친척이 한국에 놀러 왔을 때였던 것 같다. 그 정도로 그냥 한국에 처음 와보는 외국인이나 가는 곳 정도라는 인식? 사람이 많아서 괜히 번잡스럽다는 느낌마저 있었다. 회사 근처라 가끔 그 근처로 식사를 하러 가기도 하는데 특별히 이렇다 저렇다 할 느낌이 있는 인상적인 곳은 아니었다는 거다. 그런데 같은 장소라도 누구와 가느냐에 따라 달라지는 것 같았다. 딸과 함께 가는 인사동은 새로웠다. 말 그대로 'A whole new world(완전히 새로운 세상)'였다. 아내한테는 진심으로 미안하지만 예전 아내와 연애시절 갔을 때보다 훨씬 더 아름다운 곳이었다. 'A new fantastic point of view(처음 보는 환상적인 광경)'이자 'A dazzling place I never knew(전혀 몰랐던 눈부신 곳)'였다.

우선 주 목적지인 〈똥이똥산〉부터 가보기로 했다. 그야말로 전체가 똥 세상이었다. 세상에나 마상에나 똥을 주제로 그렇게 별의별 물건들을 만들어놓다니! 단순 모형만 있는 게 아니라 똥이란 것에 대한 정보부터 똥이 나오기까지 과정 및 소화기관에 대한 설명 등 여러 가지 교육적인 정보들도 많이 있었다. 게다가 아이들이 지루하지 않고 재미있게 볼 수 있도록 잘 구성되어 있었다. 특이한 사진이 나올 법한 스팟도 많았는데 덕분에 화장실이나 맨홀 속에 빠진 것 같은 코믹한 사진도 찍을 수 있었다.

〈놀이똥산〉 체험을 마치고 나오니 이제 배가 슬슬 고파질 차례. 어디 들어가서 뭘 맛있는 걸 먹을까 머리를 굴려보았다. '인사동에 왔으니 한정식을 먹어야 하나? 아니면 항아리 수제비가 유명한 식당으로 가야 하나' 등의 생각을 하며 아이에게 뭐가 먹고 싶냐 물어보았더니 뜻밖의 대답, 떡볶이가 먹고 싶다고 했다. 그것도 어디 식당 안으로 들어가서 먹는 것도 아닌 길에 서서 먹는 포장마차 떡볶이를 먹고 싶다고 했다. 마침 옆에 떡볶이를 파는 포장마차가 떡 하니 있었다. '그래, 원래 데이트할 때는 길거리 음식 같은 걸 사 먹는 게 또 낭만이기도 하지.' 이게 진정한 데이트라는 생각에 역시나 괜히 혼자 감동을 받았다. 아이와 함께 길에 서서 어묵 국물에 떡볶이를 먹다니... 정말 근사한 데이트로 느껴졌다. 제법 매운 떡볶이를 후후 불어가면서 잘 먹는 딸이 대견하게 느껴지기도 했다.

다 먹고 나서는 인사동을 돌아보며 여러 가지 장신구나 골동품 같은 것을 구경했다. 당시만 해도 외국인들이 많고 길에 한복을 입고 다니는 사람들도 흔하게 볼 수 있을 때라 평소 동네에선 볼 수 없는 그런 풍경들마저 아이에겐 신선한 흥미로 다가오는 것 같았다. 나의 성향과 달리 철두철미한 계획 따위는 없었음에도 딸과의 인사동 데이트는 그렇게 아름답게 마무리되었다.

다시 함께 인사동을 찾지는 않았지만 그 후론 딸아이의 손을 잡고 가끔 집 근처 맥도날드도 가고 만화도 보러 가고 또 극장을 가기도 하고... 이러한 부녀만의 데이트가 소소하게 이어지는 중이다. 물론 이런 데이트가 언제까지 계속될 수는 없을 거라는 건 너무나 잘 알고 있다. 벌써부터 그런 전조가 보이기 시작하는데 요즘 유행하는 스티커 사진을 찍고 싶다고 해서 아빠랑 가자고 했더니 살짝 미안해하면서 아빠랑 말고 친구들이랑 다녀오고 싶다고 했다. 실제로 얼마 뒤 친구와 둘이 사진을 찍고 와서는 너무나 신이 나 자랑하는 모습을 보니 주책맞게 따라가지 않길 참 잘했다는 생각이 들었다.

머지않은 장래에 아빠는 눈에도 들어오지 않고 멋진 남자 친구를 만나 데이트하는 것에 설레는 시기도 올 것이다. 언제까지 품 안에 자식일 수는 없는 일이란 것도 잘 알고 있다. 그러나 지금은 누군지도 모를 내 딸의 미래 남자 친구(들)에게 마지막으로 이런 엄중한 경고를 날리는 바이다.

내가 이렇게 데이트 눈높이를 높여놨으니
네 이놈! 만만하게 보고 달려들었다간 큰 코 다칠 것이다!!

Special Page 2 여행 큐시트

아이와의 여행, 나들이, 데이트 할 때 기분이 가는 대로 즐기는 것도 나쁘지 않지만 기왕이면 세심하게 준비해보는 건 어떨까? 아래는 그런 의미로 준비한 여행 큐시트 예시이다. 아이에게 좀 더 멋진 경험을 선사해 주고 싶은 준비성 철저한 아빠라면 한번 작성해볼 것을 추천한다.

* 큐시트란?
방송에서 스태프들과 진행 순서나 세부사항 등을 공유하기 위해 상세하게 정리해 놓은 표.

제주도 여행 큐시트 (11/19)

NO	시 간	내 용	장소	체크사항
1	전날	■ 여행 가방 및 필요 물품 미리 챙겨 놓기	집	☑ 빠진 물건 체크
2	AM 09 : 30 ~ AM 10 : 30	■ 출발 준비 – 간단히 아침 챙겨먹기 – 신문, 우유 배달 등 장기간 집 비우는 것 대비하기	집	☑ 비행 시간
3	AM 10 : 30 ~ PM 11 : 00	■ 집 → 김포공항 – 택시 타고 이동	차 안	☑ 택시 못 탈 시 지하철 이용 및 소요 시간
4	PM 12 : 00 ~ PM 12 : 30	■ 김포공항 – 체크인 및 수하물 맡기기 – 면세품 챙기기	김포공항	☑ 기내 반입 수하물
5	PM 12 : 30 ~ PM 01 : 00	■ 비행기 탑승 – 김포공항에서 제주공항으로 이동	기내	☑ 기내에서 갖고 놀 장난감 등 준비
6	PM 01 : 00 ~ PM 02 : 00	■ 제주공항 도착, 렌트카 수령 – 수하물 찾고 공항 셔틀 버스 타고 렌트카 업체로 이동 – 렌트카 점검 후 식당으로 출발	제주공항	☑ 렌트카 대여 시간 ☑ 차량 충전 가능 장소
7	PM 02 : 00 ~ PM 03 : 00	■ 점심 식사 – 공항 근처 식당(흑돼지 맛집) 도착 – 식당에서 주변 관광지 할인 쿠폰 수령 (야간 관람 시 필요) – 식사 후 펜션으로 출발	애월	☑ 식당 예약 확인 ☑ 할인 쿠폰 챙기기
8	PM 03 : 00 ~ PM 04 : 00	■ 펜션 도착 – 첫 번째 숙소인 통나무 펜션 도착 – 짐 풀기 및 간단 휴식	펜션	☑ 숙소 체크인 시간 ☑ 저녁 바비큐 세팅 시간

Epilogue

예능 육아는 계속 되어야 한다

언젠가 나, 아내, 딸 이렇게 셋이서 차를 타고 집으로 가며 이런저런 얘기를 하고 있었는데 자연스레 주제가 결혼으로 흘렀다. 아이가 말하길 자기는 결혼은 꼭 하고 싶단다. 하지만 아이는 낳아야 할지 잘 모르겠다고 했다. 그래서 왜 아이는 안 낳고 싶냐고 했더니 TV에서 봤는데 아이 낳을 때 많이 아픈 거 같아서 그렇다고 한다. 엄마도 아팠냐고 물어봐서 엄마도 아팠지만 얼른 너를 만나고 싶어서 꾹 참고 낳았다고 얘기해줬다. 그런데 아이는 안 낳고 싶은데 굳이 결혼은 꼭 해야 되냐고 물었다. 결혼하지 말고 평생 아빠랑 살자 뭐 그렇게 구질구질하게 엉겨 붙겠다는 건 아니었지만. 그 말을 듣더니 딸이 뜻밖에도 이런 말을 하는 게 아닌가.

"응, 난 결혼하고 싶어. 왜냐하면 엄마가 행복해 보이거든."

이럴 수가! 평생 누군가에게 들은 말 중에 손에 꼽을 정도로 감동적인 말이 아닌가 싶다. 그동안의 노력에 대해 보상 받는 훈장과 같다고나 할까? 진심을 다해 내 가족을 위해 최선을 다했던 시간들이 헛되지 않았다는 증거라고나 할까? 어쩌면 영특한 우리 딸이 아빠를 좀 더 부려먹기 위해 엄마와 짜고 한 말이 아닌가 하는 못된 의심이 잠깐 들긴 했다. 하기야 실제 나의 아내가 정말 행복한지 본인 생각도 들어는 봐야겠지만. 아무튼 딸아이가 바라보는 부모의 모습이 정말 그렇다면 난 더 이상 바랄 것이 없다. 실제로 아내는 언젠가 부부 싸움을 한참 하던 중 격한 감정 상태에서도 이런 말을 하긴 했었다. "오빠가 좋은 아빠인건 나도 인정해." 부부싸움 중에도 이 정도 인정을 받을 정도면 아빠 자격 충분한 거 아닌가? 물론 그 다음에 바로 "근데 좋은 남편인 건 잘 모르겠어."라고 하긴 했지만.

책을 쓰기로 결정하고 가장 먼저 아이에게 물어봤다. "우리 가족 이야기를 책으로 만들 거야. 그럼 그 책을 세상 사람들이 보게 되는 거야" 그랬더니 "좋아!" 하며 신나하는 모습. 그 모습에 실망시키지 않으려고 열심히 써봤다. 약간 자랑을 보태자면 예전에 다른 사람들이 쓴 책을 읽을 땐 '아니, 저 많은 내용을 어디서 베끼지도 않고 어떻게 다 쓰는 거지?'란 생각을 했는데 이번에 내가 그랬다. 쓰면서 괜히 이런 자부심도 들기도 했다. '진짜 내가 육아 전문가인건가?'

몇 달 동안 육아서를 쓰는 데 전념하다 보니 정작 아이와 놀아줄 시간이 줄어드는 아이러니한 상황이 지속되었다. 평소와 달리 아빠가 자기와 잘 놀아주지 않아 칭얼대는 아이에게 짜증을 낸 적도 몇 번 있다. 반성한다.

문득문득 앞으로 딸과 함께 놀 수 있는 시간이 얼마나 남아 있을까 생각해 본다. 이제껏 딸이 그랬던 것처럼 반대로 내가 한 번만 놀아달라고 조르고 안 놀아줬다고 삐질 날이 머지않아 올 거라 확신한다.

아이와 노는 데 정답은 없는 것 같다. 가장 중요한 건 아빠가 즐거워야 한다는 사실. 아빠가 즐겁지 않으면 금방 얼굴로 드러나고 아이도 눈치 챈다는 건 분명하다. 그렇게 노는 건 아이 입장에서도 즐거울 수가 없다.

이제껏 나의 방법이 옳은지 틀린지는 알 수 없다. 나도 처음해보는 것이고 그렇다고 육아라는 게 명확하고 객관적인 기준이 있어 점수로 평가되는 것도 아니니까. 하지만 그때그때 최선을 다해 나와 아이가 재밌기 위해 노력했다는 점만은 자부한다. '나의 노력들이 결실을 맺어 아이가 훌륭하게 자랄 거야.' 꼭 이런 기대 때문에 노력했던 건 절대 아니다. 그냥 아이에게 좋은 추억으로 남아 나중에 성인이 되어서도 '아빠랑 어릴 때 참 재밌게 놀았는데' 이런 생각만 가져주면 좋겠다. 물론 나도 나중에 늙어서 시간이 많아 한가해지면 꺼내 볼 추억들을 차곡차곡 저축하고 있다고 생각한다. 그러니 세상 모든 아빠들 지금 육아 때문에 지치고 힘들더라도 조금만 더 파이팅 해보자.

언젠가 유치원 숙제 때문에 정해야 했던 가훈이 있다. 고민 끝에 정한 우리 집 가훈은 바로 평소 내 생각과 유사한 '재밌게 살자'이다. 저녁에 아이를 만나면 "오늘 재미있었니?"라고 묻고 학교나 학원에 갈 때도 "재미있게 하고 와!"라고 인사를 한다. 부디 딸과 아내 그리고 나까지 우리 가족 모두가 이제껏 그래왔듯이 앞으로도 우리 집 가훈처럼 그리고 한 편의 예능 프로그램처럼 재밌게 살아갔으면 하는 바람이다.

저자협의

인지생략

PD 아빠의 예능 육아

1판 1쇄 인쇄 2022년 1월 10일
1판 1쇄 발행 2022년 1월 15일

지 은 이 박세진
발 행 인 이미옥
발 행 처 아이생각
정   가 15,000원
등 록 일 2003년 3월 10일
등록번호 220-90-18139
주   소 (03979) 서울 마포구 성미산로 23길 72 (연남동)
전화번호 (02) 447-3157~8
팩스번호 (02) 447-3159

ISBN 978-89-97466-84-9 (03370)
I-22-01

i THINK
아이생각